ATRIUM

ERICH KÄSTNER

HURRA, FERIEN!

Herausgegeben von Sylvia List

Atrium Verlag · Zürich

MIX
Papier aus verantwortungsvollen Quellen
FSC® C014496
www.fsc.org

Erstausgabe
2. Auflage 2018

Umschlagillustration: Christoph Niemann, 2018
Satz: Greiner & Reichel, Köln
Druck und Bindung: GGP Media GmbH, Pößneck
Printed in Germany
ISBN 978-3-85535-026-1

www.atrium-verlag.de

Inhalt

Anhang

Die Sonne schien, die Luft war weich …

Endlich Ferien! Ein Zauberwort, das bei Erwachsenen wie bei Kindern höchste Glücksgefühle auslöst. Endlich den Alltag hinter sich lassen, frei sein für unbekannte Abenteuer, aufbrechen zu unbekannten oder lieb gewonnenen Orten, um Neues zu erleben oder einfach nur das zu tun, wozu man Lust hat. Man kann an die Ostsee fahren und dort auf einer Palmeninsel stranden wie Gustav mit der Hupe und seine Freunde, ein Schiff besteigen und auf dem Mond landen wie Münchhausen oder die sächsischen und Thüringer Täler und Höhen durchwandern wie Erich Kästner und seine Mutter. Es gibt so viele Möglichkeiten …

Erich Kästner behauptete zwar später, er reise nicht gern, aber er war viel zu neugierig, viel zu interessiert an der Welt, als dass man ihm diese Behauptung wirklich glauben könnte. Er liebte die See und die Berge und entdeckte früh, dass beides zusammen für ihn das Schönste überhaupt war, das ideale Ferienziel. So wie er es in seinem *Modernen Reiselied* besungen hat:

> Wem Gott will rechte Gunst erweisen
> (vorausgesetzt, dass es ihn gibt),
> den lässt er in ein Seebad reisen,
> besonders wenn er Berge liebt.

Ich wünsche allen Lesern, ob am Strand oder in den Bergen, ob unterwegs oder wieder zu Hause, viel Zeit und Muße, Kästners vorwiegend heitere Geschichten und Gedichte zu lesen und ihre Freude daran zu haben.

München, Frühjahr 2018
Sylvia List

An der Ostsee

Korlsbüttel ist keiner von den großen Badeorten. Noch vor zehn Jahren hatte Korlsbüttel nicht einmal einen Bahnhof. Damals musste man auf der Strecke Lübeck–Stralsund in einem kleinen Nest aus dem Zug steigen, das, wenn ich nicht irre, Stubbenhagen hieß. Dort stand, wenn man besonderes Glück hatte, irgendein altmodisches Fuhrwerk, das mit einem schweren mecklenburgischen Gaul bespannt war, und zockelte die Badegäste nach Korlsbüttel hinüber. Auf zerfahrenen, sandigen Waldwegen. Links und rechts dehnte sich die Heide. Die Wacholderbüsche standen wie grüne Zwerge zwischen den hundertjährigen Eichen und Buchen. Und manchmal fegte ein Rudel Rehe durch die Stille. Und von den Kohlenmeilern, die auf den Waldwiesen lagen, stieg blauer, beizender Rauch in die Sommerluft empor. Es war wie in Grimms Märchen.

Heute ist das anders. Heute fährt man, ohne umzusteigen, bis Korlsbüttel, stiefelt vornehm aus dem Bahnhof, gibt seinen Koffer einem Gepäckträger und ist in drei Minuten im Hotel und in zehn Minuten am Meer. Ich glaube, dass es früher schöner war. Damals war es mit Schwierigkeiten verbunden, ans Meer zu kommen. Und man soll Schwierigkeiten, die einem Ziel im Wege stehen, nicht unterschätzen. Sie haben ihr Gutes.

Halb Korlsbüttel war am Bahnhof, um den Ferienzug zu empfangen. Der Bahnhofsplatz stand voller Leiterwagen, Kutschen, Dreiräder, Tafelwagen und Karren. Man erwartete viele Gäste und noch mehr Gepäck.

Fräulein Klotilde Seelenbinder, Haberlands altes Dienstmädchen, lehnte an der Sperre und winkte, als sie den Justizrat erblickte, mit beiden Händen. Er überragte die aus dem Zug strömenden Menschen um Haupteslänge. »Hier bin ich!«, rief sie. »Herr Justizrat! Herr Justizrat!«

»Schreien Sie nicht so, Klotilde«, sagte er und schüttelte ihr die Hand. »Lange nicht gesehen, was?«

Sie lachte. »Es waren doch nur zwei Tage.«

»Ist alles in Ordnung?«

»Das will ich meinen. Guten Tag, gnädige Frau. Wie geht's? Ein Glück, dass ich vorausgefahren bin. So ein Haus macht Arbeit. Guten Tag, Theo! Du bist blass, mein Liebling. Fehlt dir was? Und das ist sicher dein Freund Emil. Stimmt's? Guten Tag, Emil. Ich habe schon viel von dir gehört. Die Betten sind überzogen. Heute Abend gibt's Beefsteak mit Mischgemüse. Das Fleisch ist billiger als in Berlin. Ach, und das ist Pony Hütchen, Emils Kusine. Das sieht man sofort. Diese Ähnlichkeit! Hast du dein Fahrrad mitgebracht? Nein?«

Emils Großmutter hielt sich die Ohren zu. »Machen Sie 'ne Pause!«, bat sie. »Machen Sie 'ne Pause, Fräulein. Sie reden einem ja Plissee in die Ohrläppchen. Ich bin Emils Großmutter. Guten Tag, meine Liebe.«

»Nein, diese Ähnlichkeit!«, meinte Haberlands Dienstmädchen. Dann verneigte sie sich und sagte: »Klotilde Seelenbinder.«

»Ist das ein neuer Beruf?«, fragte die Großmutter.

»Nein. Ich heiße so.«

»Sie Ärmste!«, rief die Großmutter. »Gehen Sie doch mal zum Arzt. Vielleicht verschreibt Ihnen der einen anderen Namen.«

»Ist das Ihr Ernst?«, fragte Klotilde.

»Nein«, erwiderte die Großmutter. »Nein, Sie kluges Geschöpf. Ich bin fast nie ernst. Es lohnt sich zu selten.«

Dann wurden die Koffer und Taschen auf einen Tafelwagen geladen. Den Wagen hatte Klotilde vom Fuhrhalter Kröger geliehen, und ein Knecht zog ihn. Emil und der Professor schoben. So ging's die Blücherstraße entlang. Die Erwachsenen und Pony spazierten hinterdrein.

Plötzlich hupte es laut. Aus einem Seitenweg bog, in voller Fahrt, ein Motorrad. Das Motorrad bremste. Krögers Knecht hielt den Wagen an und fluchte, dass die Fensterscheiben der Umgegend zitterten. Glücklicherweise fluchte er plattdeutsch.

»Nu treten Sie sich bloß nicht auf den Schlips!«, rief der Motorradfahrer. »Is ja alles halb so wichtig.«

Emil und der Professor guckten erstaunt hinter den Koffern vor und brüllten begeistert: »Gustav!« Sie rannten um Krögers Wagen herum und begrüßten den alten Freund.

Der legte vor Schreck sein Motorrad auf die Straße, schob die Schutzbrille hoch und sagte: »Das hätte mir gerade noch gefehlt, Herrschaften! Dass ich meine zwei besten Freunde zerquetscht hätte! Eigentlich wollten wir euch nämlich von der Bahn abholen.«

»Gegen sein Schicksal kann keiner an«, behauptete eine Stimme aus dem Straßengraben.

Gustav blickte erschrocken auf sein Rad. »Aber wo ist denn der kleine Dienstag?«, rief er. »Er saß doch eben noch hinter mir!«

Sie blickten in den Straßengraben. Dort hockte der kleine Dienstag. Passiert war ihm nichts. Er war nur hoch im Bogen ins Gras geflogen. Er lachte den Freunden entgegen und sagte: »Die Ferien fangen ja gut an!« Dann sprang er auf und schrie: »Parole Emil!«

»Parole Emil!«, riefen sie alle vier und setzten einträchtig den Weg fort.

Die Erwachsenen folgten weit hinten. Sie hatten überhaupt nichts gemerkt. [...]

Nach dem Frühstück erschien Dienstag auf der Bildfläche und holte sie zum Baden ab. Der Justizrat und seine Frau blieben zu Hause. Aber alle anderen, die Großmutter inbegriffen, pilgerten zum Strand. Die Jungen beschlossen, barfuß zu gehen. Das sei gesund.

Droben auf der Düne machten sie halt. Die Ostsee sah ganz anders aus als am Abend vorher. Grünlich und blau glänzte sie. Und manchmal, wenn Wind aufkam, schillerte sie golden, dass man die Augen schließen musste. Die Großmutter setzte eine Sonnenbrille auf, die ihr Fräulein Klotilde Seelenbinder geliehen hatte.

Unten am Strand wimmelte es, soweit man sehen konnte, von Strandkörben, Sandburgen, Fähnchen, Wimpeln und Menschen.

Manchmal liefen Wellen über den Meeresspiegel. Und Pony bemerkte: »Das sieht aus, als ob ein unsichtbarer Verkäufer auf einem unendlichen Ladentisch schillernde Seide aufrollt.«

Die vier Jungen schauten einander vielsagend an und schwiegen. Nur der kleine Dienstag konnte sich nicht beherrschen und platzte laut heraus.

»Blöde Bande«, sagte Pony und schlug den Strandweg ein. Emil und die Großmutter folgten ihr lächelnd. Als sie eine Weile gegangen waren, drehte sich Emil nach den Freunden um. Die standen in einiger Entfernung still und machten keine Anstalten weiterzulaufen.

»Wo bleibt ihr denn?«, rief Emil.

Sie setzten sich langsam in Bewegung. Aber schon nach ein paar Metern streikten sie von neuem. Gustav hüpfte auf einem Bein und schimpfte schrecklich.

Die Großmutter lachte. »Deine Berliner sind das Barfußlaufen nicht gewöhnt. Der Kiesweg stört sie.«

Emil lief zurück. Gustav zog ein schiefes Gesicht und knurrte: »Mensch, das soll gesund sein?«

Und der Professor erklärte: »Ich danke für Obst. Meine Fußsohlen sind doch nicht aus Rindsleder!«

»Nie wieder barfuß!«, schwor Dienstag und versuchte den nächsten Schritt. Er stieg wie ein Hahn auf den Mist.

Gustav ging vom Weg herunter und wollte im Gras weitergehen. Es war aber gar kein Gras, sondern Strandhafer. Und der schnitt ihm so in die Waden, dass er wütend »Aua!« schrie und auf den Kies zurückkam.

Emil erklärte: »Der Strandhafer enthält viel Kieselsäure.«

Gustav sagte: »Ich hätte nie gedacht, dass Kieselsäure so spitz ist. Da kann man genauso gut zwischen Rasiermessern herumlaufen.«

Emil erzählte noch einiges vom Aufbau der Pflanzenzellen und von der Beschaffenheit der Sand- und Strandgewächse im Besonderen.

Doch der Professor meinte: »Alles ganz schön und gut. Du magst zwar ein enormer Botaniker sein. Aber ich renne rasch in meine Villa zurück und hole meine Turnschuhe.«

Das tat er denn auch. Gustav und Dienstag rannten hinter ihm her.

Emil ging zu seiner Großmutter. Sie setzten sich auf eine Bank und betrachteten das Meer. An der Brücke lag gerade ein kleiner weißer Küstendampfer. Der Junge suchte Pony. Sie war schon weit voraus. [...]

Schließlich landeten alle miteinander im Familienbad.

Die Großmutter setzte sich in den Sand, zog die Schuhe und Strümpfe aus und ließ die Füße von der Sonne bescheinen. Außerdem behütete sie die Badetücher, die man mitgebracht hatte.

Die Jungens nahmen Pony in die Mitte, fassten einander bei den Händen und rannten mit Gebrüll in die Wellen hinein. Eine dicke Dame, die nicht weit vom Ufer im Meer saß und still vor sich hin döste, schluckte bei dieser Gelegenheit Wasser und schimpfte wie am Spieß.

Die Großmutter schürzte den Rock, ging ein paar Schritte ins Wasser und fragte höflich: »Waren Sie auch einmal jung, meine Dame?«

»Natürlich« war die Antwort.

»Na also«, meinte die Großmutter. »Na also.« Und ohne ausführlicher zu werden, setzte sie sich wieder in den warmen Sand und blickte fröhlich hinter den jauchzenden Kindern her. Jetzt sah man nur noch die Köpfe. Und auch die nicht immer.

Gustav schwamm am schnellsten. Und als erster kletterte er auf das große Sonnenbrett, das draußen verankert lag und auf dem sich die Schwimmer ausruhten. Pony und Emil schwammen gleich schnell und halfen einander beim ›Landen‹. Dienstag und der Professor kamen wesentlich später.

»Wie macht ihr das bloß?«, fragte Dienstag, als er neben den Freunden auf den Planken saß. »Warum schwimmt ihr denn schneller als Theo und ich?«

Der Professor lachte. »Mach dir nichts draus. Wir sind eben Geistesarbeiter.«

Gustav sagte: »Mit dem Kopf hat das nur insofern zu tun, als ihr ihn zu hoch übers Wasser haltet. Ihr müsst kraulen lernen!« Er ließ sich von der Planke herunterrollen, plumpste in die Ostsee und zeigte ihnen, wie man krault.

Pony fragte ihn: »Was verlangst du für die Stunde?«

Er holte tief Atem, tauchte lange, kam prustend wieder zum Vorschein und meinte: »Sechzig Minuten!«

Dann schwammen sie alle wieder zurück. Gustav kraulte ihnen etwas vor. Sie versuchten es nachzumachen. Dabei stieß der Professor mit einem Herrn zusammen, der sich auf den Rücken gelegt hatte und gemächlich hinausschwamm. »Pass besser auf!«, rief der Herr. »Wo hast du denn deine Augen?«

»Unter Wasser«, antwortete der Junge und kraulte wie eine Schiffsschraube hinter den Freunden her.

Selbstmord im Familienbad

Hier bist du. Und dort ist die Natur.
Leider ist Verschiedenes dazwischen.
Bis zu dir herüber wagt sich nur
ein Parfüm aus Blasentang und Fischen.

Zwischen deinen Augen und dem Meer,
das sich sehnt, von dir erblickt zu werden,
laufen dauernd Menschen hin und her.
Und ihr Anblick macht dir Herzbeschwerden.

Freigelassne Bäuche und Popos
stehn und liegen kreuz und quer im Sande.
Dicke Tanten senken die Trikots
und sehn aus wie Quallen auf dem Lande.

Wo man hinschaut, wird den Augen schlecht,
und man schließt sie fest, um nichts zu sehen.
Doch dann sieht man dies und das erst recht.
Man beschließt, es müsse was geschehen.

Wütend stürzt man über tausend Leiber,
bis ans Meer, und dann sogar hinein –
doch auch hier sind dicke Herrn und Weiber.
Fett schwimmt oben. Muss das denn so sein?

Traurig hängt man in den grünen Wellen,
vor der Nase eine Frau in Blond.
Ach, das Meer hat nirgends freie Stellen,
und das Fett verhüllt den Horizont.

Hier bleibt keine Wahl, als zu ersaufen!
Und man macht sich schwer wie einen Stein.
Langsam lässt man sich voll Wasser laufen.
Auf dem Meeresgrund ist man allein.

Seemannslos

Die *Old Hennessy*, ein englischer Frachtdampfer, lag seestichfertig an der Langen Linie. Sie war, mit Kopenhagener Porzellan, für China bestimmt. Die Mannschaft versoff im *Tivoli* ihre Heuer. Die Bordwache saß in einer Schifferkneipe in der Frederiksgade. –

Zwei ziemlich blaue Jungens standen am Kai. Ernst spuckte in den Sund und sagte mit rissiger Kehle: »Wackerer Schoner, die *Old Hennessy!* Macht gut ihre acht Knoten bei günstiger Bö.« Erich verschluckte seinen Priem und knurrte: »Mit so lütten Speigatten nich.« – »Wetten?«, fragte Ernst und zog die Hosen hoch. Bei diesen Worten enterten beide bordseits. Höhnischen Blicks maß Erich die Speigatten. Ernst raffte den Anker und schrie gellend durch den Orkan: »Alles klar!«

Das Schiff schoss durch die finstere Nacht. Erich stapfte durch die Takelung zum Topp hinauf und hisste das Großsegel. Während er den Schalter fürs Topplicht nicht fand, suchte Ernst aufmerksam durchs Bullauge den Horizont ab. Dann eilte er ans Ruder und gab Süd einen Strich West. Umgehend gehorchte der bebende Schiffsleib und rauschte majestätisch in seinem Kielwasser auf und davon. Er sollte Kopenhagens Mädchen niemals wiedersehen.

Da sich das Meer inzwischen gestillt hatte, begaben sich die beiden Teerjacken zur Messe, wo bereits frisches Walfleisch im Kessel brodelte. So tüchtig sie auch zugriffen, ließen sie doch den Sextanten nicht aus dem Auge, welcher schon wieder Sturm anzeigte.

Und richtig, als sie die Köpfe durch die Luke steckten, rollten die salzigen Fluten, Woge auf Woge, über Deck. Die *Old Hennessy* schien ein Opfer des ergrimmten Neptun werden zu sollen. Erich fluchte auf Englisch: »God save the king.« – Ein eisiger NO-Passat heulte in Strömen. An der Spitze des Besanmastes bildeten die zuckenden Blitze ein wahres Elmsfeuer. Ein Donnerschlag legte den Fockmast achtern. Das Schiff krengte wie ein angeschossenes Torpedo. Die Reling leckte stark. Die Großschott zersprang klirrend. Der Kompass tickte unruhig. Das Topplicht erlosch. Da senkte sich eine rabenschwarze Windhose auf das Schiff! Der Bugspriet ging langsam über Bord. Mittelschiffs schlugen Flammen aus der Kombüse. Die Kommandobrücke sackte in die Tiefe!

Als zu erkennen war, dass selbst ein Doppel-Nelson das Schiff nicht hätte retten können, nahm Ernst den Hut ab und intonierte das *Seemannslos*. Erich fiel ein. Und vor beider Augen verschwand die *Old Hennessy*. Auf 31 Grad 15 Minuten und 6 Sekunden nördlicher Breite trieben zwei Schiffbrüchige umher.

Eine Woche später nahm der Heringskutter *Stolz von Pasewalk* die beiden, auf gänzlich durchweichten Logbüchern Treibenden an Bord. Ihre Haare waren von A bis Z gebleicht. Wie hungrige Möwen fielen sie mit ihren Löffeln über die duftende Bohnensuppe her. Beim letzten Bissen meldete der Rudergast: »Land in Sicht!« Ernst und Erich nahmen bewegten Abschied und schenkten, bevor sie an Land gingen, dem braven Kapitän ein zwölfteiliges Teeservice. Es war das Einzige, was sie beim Untergang der *Old Hennessy* hatten retten können. – Sie landeten in Stettin und traten anschließend in die Reichswehr ein.

Grüße aus Gilleleje

Postkarte aus Hornbæk, 7. 8. 1926

Mein liebes Muttchen! Heut nach dem Mittag sind wir per Zug bisschen an der Küste entlanggefahren und in Hornbæk, dem größten Badeort der Gegend, ausgestiegen. Aber Gilleleje ist viel schöner. Da gehen wir im Trikot aus dem Hotel an den Strand. Abends wundervolle Sonnenuntergänge. Überall Rosenhecken und Heidekraut, das blüht. Wetter wunderbar. Donnerstag früh werden wir hier wieder abgondeln. Bis Helsingör. Freitag Kopenhagen. Nachts mit Schiff nach Bornholm. Dort vielleicht paar Tage bleiben. Dann Saßnitz – Stralsund. Montag oder Dienstag hab ich von Dir wohl ein Briefchen. Auf frohes Wiederschaun Dein Junge.

Man nennt diese Küste hier die dänische Riviera. Das ist wirklich ein passender Name. Tausend Grüße. Auch an Papa.

Nachsatz Ilse Julius:

Hier könnte man wohl sein Leben lang seine Ferien verbringen, so schön ist das Meer & die Küste. Viel zum Wohlbefinden trägt auch das famose Essen bei. Herzlichste Grüße!

Ilse

Kopenhagen

Manches sieht man, wenn man reist.
Beispielsweise, wie sie essen.
Denn in Östreich wird gegessen,
und in Frankreich wird gespeist
und in Dänemark – gefressen.

Ach, wir standen vor den Tischen,
und wir staunten uns ein Loch.
So ein Berg von Krebs und frischen
Schinken, Bieren, Würsten, Fischen!
Und der Hummer lebte noch.

Um die Fremden nicht zu kränken,
tut der Deutsche, was er kann.
Voll von Speisen und Getränken
sanken wir von unsern Bänken.
Und die Dänen sahn uns an …

Und sie löffelten und stachen
mit den Gabeln rings umher.
Und sogar die Tische brachen!
Stunden eilten. Und wir sprachen
vor Ergriffenheit nicht mehr.

Nein, so was ist nicht zu glauben,
wenn man's nicht gesehen hat.
Später kauten sie dann Tauben
und dann Käse, Eis und Trauben.
Doch sie waren noch nicht satt!

Sollen wir das Volk beneiden?
Doch das ist nicht unsre Art.
Wir sind arm und sind bescheiden;
und mit einem Magenleiden
wird oft sehr viel Geld gespart.

Ferien in Klampenborg
Aus Briefen an Luiselotte Enderle

11. Juli 1966

Liebe Lotte,
vielen Dank für 4mal Post! [...] Das Wetter war ideal. Heute Sturm. Aber sehr malerisch. Und immer Boote, Frachter, Überseedampfer, Jachten vor den Augen, wundervoll. Also die Geographie: Nördlich von Kopenhagen, am Sund-Vorortbahnhof, 3mal pro Stunde Züge nach und von Kopenhagen. Fahrtdauer ½ Stunde. Wie München–Starnberg etwa. (Ich kauf mal paar Ansichtskarten und schick sie.)

Fünf Gehminuten vom Hotel und Meer aus beginnt der Königliche Tierpark. Mit Rieseneichen und -buchen. Und 5000 Rehen und Hirschen, die auf Greifweite nahe kommen. Und einem Barockschlösschen, wo im Herbst das Halali mit Königs gefeiert wird. Dann sind's nur noch 4000 Rehe. Und im Herbst drauf wieder 5000. Man kann laufen, in den Wiesen sitzen und mit Droschkenkutschen fahren. Hünengräber gibt's auch. Aber das Tollste sind doch die Bäume. Bis zu 800 Jahre alt.

Daneben, auch 5 Min. vom Meer, der älteste Kinderrummelplatz Dänemarks. Vor 150 Jahren gegründet. Das Vorbild des »Tivoli« in Kopenhagen. Heißt »der Bakken«. Warum, weiß ich nicht.

Das wäre also eine Prise Geographie. Karten folgen morgen. Am Sonntag (17.7.) geht's nach Berlin. Dann bricht hier die Hochsaison aus. Es wird voller und teurer. Hat keinen Zweck. Na, in Lübbars (bei Hermsdorf) kann er auch schwimmen. Und die Bronchitis ist völlig vorbei. Die Luft ist prima. Tut auch mir gut. Und in München so ein Mistwetter? Wie schade.

12. Juli 1966

Liebe Lotte, richtig schöne Karten gibt's leider nicht. Aber einen kleinen Eindruck hat man vielleicht doch: Schloss Eremitage, mitten im Tierpark, rechts unten der Park-Eingang.

10. Juli 1967

Für die gelben Kuverts hab ich noch kein Nachporto zahlen müssen. Aber sonst sind die Dänen sehr geldgierig. Außer den Service-Prozenten muss man noch, auch in Läden, zehn Prozent Staatssteuer zahlen! Trotzdem, ein nettes kleines Land. Schon die Sprache! Am Tierpark steht für Motorfahrzeuge ein Verbotsschild: »Knallert forbudt!« Das verstehe sogar ich, als Nichtdäne und Nichtknallert.

Bellevue Strandhotel, Klampenborg, 18. Juli 1967

Liebe Lotte,

eigentlich wollte ich Dir gestern schreiben, aber da musste anstandshalber Andersens Geburtshaus in Odense besichtigt werden: ein altes, nur ebenerdiges Eckhaus mit hübschen Erinnerungen an diesen seltsamen Schusterssohn, den die ganze Welt mit Recht so liebt. Im Profil sah er aus wie Bruno Hübner, der ja auch ein vertrackter Kerl ist, wenn auch kein genialer Erfinder von Märchen. Und sooo vertrackt ist Hübner nicht im Entferntesten. A. wäre ein Fall für Psychoanalytiker. Na ja. Das sollen andre besorgen.

Sonst gab es Backsteinkirchen, schlossartige Rittergüter, Fischereihäfen, Schweineställe, Trajekte, Gärten über Gärten. Dänemark hat mehr Rindvieh als Menschen. Ein seltener Fall. Nette Bewohner. Dass das früher mal Wikinger gewesen sein sollen, ist kaum zu glauben.

Ein Waldspaziergang

Obwohl es schon gegen Abend war, bestand Irene Trübner auf dem von ihr geplanten Ausflug.

Sie ließen sich mit der Fähre über die Warnow setzen und fuhren dann mit der Straßenbahn, deren Geleise unmittelbar hinter der Meeresküste durch Moor und Heide laufen, bis nach Markgrafenheide, der Endstation.

Von hier spazierten sie auf einsamen Wegen durch den Wald. Es war still wie in einer Kirche, wenn kein Gottesdienst ist. Aber droben über den Wipfeln brauste der Wind, der von der See kam.

Es ist merkwürdig. Im Wald denkt man mehr als anderswo an seine Kindheit. Damals erschienen einem die Bäume viel, viel höher als sie waren. Und das Dickicht der Büsche viel, viel undurchdringlicher und unheimlicher als heute. Damals glaubte man noch, dass Rotkäppchen ganz in der Nähe dem bösen Wolf begegnet sein müsse. Und wenn man einem Holzfäller und seiner Frau begegnete, träumte man nachts, man habe die Eltern von Hänsel und Gretel getroffen. Jene Eltern, die ihre beiden Kinder im Walde aussetzten, weil das Einkommen zurückging. In diesem Alter sieht man im Wald die Wohnstätte von Elfen und Zwergen. Dann folgen Jahre, da gilt er als Umschlagplatz für heimliche Zärtlichkeiten. Und schließlich kommt die Zeit, da erinnert er einen nur noch an die Bretter, die in Schneidemühlen aus seinen Bäumen fabriziert werden, und daran, dass kein Mensch mehr als vier Bretter benötigt, um wohlverwahrt, wenn auch ohne Fenster, die letzte Reise anzutreten.

Und immer werden die Wälder rauschen. Und immer wird der Wind leichtfüßig über die Wipfel laufen. – Oh, es wäre viel wert, wenn man an die Seelenwanderung zu glauben vermöchte. Doch wer hat die Kraft dazu?

Auf einer Wiese dicht am Rande der Heide setzte sich Irene Trübner ins grüne Gras. Dann legte sie sich sogar um und starrte durch das Gitterwerk der Halme und Blätter hinauf in den blauen Himmel. Die beiden Männer hockten sich notgedrungen auf den Rasen und saßen dort, als seien sie bei Chinesen zu Besuch.

Die Grillen stimmten ihre Mandolinen. Die Heuhüpfer übten Weitsprung. Und ein leichtgläubiger Zitronenfalter – oder war er nur kurzsichtig? – setzte sich auf die Stoffblume, die an Fräulein Trübners Hut festgenäht war. Es dauerte Minuten, bis er den Betrug merkte und enttäuscht und ohne Honig davonflatterte.

Rudi Struve sagte: »Man sollte hierbleiben. Wir könnten uns drei Hütten bauen. Was halten Sie davon? Herr Külz würde aus wilden Kaninchen Kalbsleberwurst machen und Wiener Schnitzel. Fräulein Trübner könnte Blaubeeren pflücken und Lindenblütentee kochen. Und aus Bucheckern, hab ich gehört, kann man sogar Brötchen backen.«

»Und Sie«, fragte Irene Trübner, »wollen Sie denn gar nichts tun?«

»Ich brächte Aale und Flundern heim.«

»Können Sie denn angeln?«, fragte Külz.

»Nein. Ich führe jeden Tag mit der Straßenbahn nach Warnemünde und kaufte die Fische in der Räucherei.«

Sie lachten und waren lustig.

Bis sie merkten, dass sie in einem Ameisenhaufen saßen.

Abfahrt

Durchs Fenster dringt der Lärm von drei Kapellen.
Der halbe Badeort wiegt sich im Takt.
Die Ostsee schlägt, wie es im Buch steht, Wellen.
Die Mutter packt …

Die Koffer stehn herum mit offnem Rachen.
Vor der Veranda dehnt sich die Natur.
So wenig Platz, sagt sie, und so viel Sachen!
Wie kommt das nur?

Der Wellenschlag macht Mutter bloß nervöser.
Sie stochert in den Schränken, dass es knackt.
Wenn Wäsche schmutzig wird, wird sie auch größer.
Die Mutter packt …

Nun braucht man nicht mehr in Pension zu essen.
Nicht kochen können grenzt sehr oft an Mord.
Ich will mir noch ein Wiener Schnitzel pressen.
Dann aber fort!

Die schwarze Kleiderbürste ist verschwunden.
Der Bademantel ist im Sand versackt.
Die Sonne scheint. Der Zug geht in zwei Stunden.
Die Mutter packt …

Der Badeanzug hängt noch auf der Leine.
Wo ist der kleine Schlüssel? Es wird Zeit!
Ab morgen hat man endlich wieder seine
Gemütlichkeit.

Wenn nun der Geldbriefträger doch noch käme?
So kurz vor Abfahrt? Das war abgeschmackt.
Am Urlaub ist das einzig Angenehme,
dass Mutter packt …

Fliegende Menschen

Am 30. Mai 1978, früh sieben Uhr, riss Phil Boutherwek ein Blatt vom Kalender seiner Flugzeugkabine und meinte zu sich selber: »Three cheers, old boy!« Dann putzte er sich, zum Kabinenfenster hinaus, die Zähne, fuhr in die Pantoffeln und machte die Runde. Er klopfte seinem zwölfjährigen Sohne Johnny, der am Steuer saß und gähnte, auf die Schulter und sagte zu seiner Frau, die damit beschäftigt war, Mabel, die Jüngste, zu entwöhnen: »Dorothy, heute haben wir Smiles Dauerflugrekord um genau zehn Jahre überboten.« Klein-Mabel klatschte vor Freude in die Händchen, und die Frau meinte: »Lieber, es wird Zeit, dass wir wieder runterkommen. Zwanzig Jahre Luftlinie strengt an, by Jove! Ich möchte wieder mal ins Theater gehn, und, vor allem: die Kinder werden zu groß.« Phil kratzte sich hinter den Ohren, rauchte seine kalte Shagpfeife und meinte gutmütig, wie Männer seines Schlags zu sein pflegen: »Tom müssen wir sowieso abwerfen. Am besten über Boston. Dort sollen die Colleges gut sein. Er muss endlich sein Einjähriges machen, der große Lümmel.« Das war aber nicht etwa bös gemeint. – Phil Boutherwek war ein vorbildlicher Ehemann und Familienvater. Zwanzig Jahre Luftlinie, immer zwischen Frisko und Leningrad hin und her, sind kein Anlass zu Untreue und Ähnlichem … Dorothy sagte verschämt: »Bester, auch wenn wir Tom abwerfen sollten, werden wir nicht weniger werden.« Phil schlug sich kräftig aufs Knie und lachte: »Damned, ist's wieder so weit?« Sie nickte erglühend und murmelte versonnen: »Ich läge so gern wieder einmal in einer richtigen Frauenklinik. Diese zehn Luftgeburten haben mich ein klein wenig angestrengt, lieber Mann.« Phil küsste sie auf die Stirn und rief: »Sollst du haben, du Treue!« Dann schlenderte er in die Kinderkabine hinüber, zum Wecken.

Tom funkte, sobald er angezogen war, nach Tempelhof: »Eintreffen nachmittags über Berlin ... Bitten, Paketflugzeuge mit Brennstoff und Proviant startbereit zu halten ... Boutherwek.« Dann sagte er: »Papa, ich möchte heiraten. – Gestern hat die Tochter des Schmierseifenkönigs Bluffhouse gefunkt und bei mir um mich angehalten, wenn ich noch frei wäre. Sie wünscht sich einen gänzlich unerfahrenen Gatten. Sie will auf mich warten. Sie ist die Nichte des Kaisers von Südamerika. Gute Familie. – Und so sieht sie aus!« Er zeigte eine Radiofotografie. Der Vater spuckte zum Fenster hinüber; leider war es nicht offen. Dann meinte er: »Junge, Junge, du solltest doch aber erst dein Einjähriges machen! Ich sprach eben mit deiner Mutter darüber, und wir hatten eigentlich beschlossen, dich übermorgen mit dem Fallschirm nach Boston auf die Schule zu schicken.« Tom grinste und erklärte: »Was ein reicher Schwiegersohn wissen muss, weiß ich.« Der Alte stieß ihn lachend in die Seite und meinte: »Recht hast du! Nett sieht sie aus. Wo wohnt denn das Mädchen?« – »In New York.« – »Teil ihr mit, wir landeten übermorgen in New York. Und teile es allen Radiokonzernen mit. Ich hab die Fliegerei eigentlich auch satt. Möcht mich mal wieder bei Gibson rasieren lassen.« Der Vater ging, Johnny abzulösen. Tom eilte schnurstracks an den Sender.

Am Nachmittag passierten sie Berlin. Die Paketflugzeuge flogen, im gleichen Tempo, dicht über ihnen; und Boutherweks fassten, wie sie es seit zwanzig Jahren gewöhnt waren, Brennstoff, Proviant und Wasser. Percy und Cecely, die Zwillinge, bedienten den Ladungsmagneten, der die Fässer packte und in der Vorratskammer versenkte. – Allmählich bedeckte sich der Himmel mit Hunderten von Fliegern. Tausende von Fähnchen flatterten. Eine Luftparade fand statt. Der deutsche Reichssuperintendent hielt, per Lautsprecher, eine erschütternde Ansprache, gratulierte zum zwanzigjährigen Bestehen und ernannte alle gegenwärtigen und künftigen Insassen des Rekordflugzeugs zu ehemaligen Schülern des Nicolai-Gymnasiums. – Es war zum Heulen.

In der Nacht kreuzten Boutherweks den Ärmelkanal. Die Pariser und Londoner Flugzeuggeschwader waren illuminiert und flogen lebendige Bilder. Zum Schluss formierten sie sich zu einer riesenhaften Triumphpforte, durch die Boutherweks hindurchfliegen mussten. Am übernächsten Morgen überflogen sie Neufundland, und mittags gingen sie in New York nieder.

Ganz Amerika stand am Flugplatz. Zwei- bis dreitausend Menschen wurden zerquetscht. Sie starben lautlos, um die Feierlichkeit nicht zu stören. Sämtliche Monarchen der Staaten waren erschienen und baten um Autogramme. Das Rekordjäger-Regiment gab Salutschüsse ab. Boutherwek wurde von den vier ältesten Frauen Amerikas auf die Schultern genommen, während sich seine Familie mit den gefeiertsten Größen des Kontinents unterhielt: mit Harry Baker, dem eifrigsten Massenmörder der Staaten; mit Mary Hitchins, die gerade zum vierzigsten Male geschieden war; mit Stuart Stups, der sich nur von lebendigen Fischen ernährte; mit Vivian Laurens, die zwanzig Jahre lang auf den Zehenspitzen gestanden war. Allen Berühmtheiten drückten die Boutherweks die Hand. Nur ihr Rekordvorgänger, Ben Smile, war nicht gekommen. Er hatte sich, voller Verzweiflung, einem Ameisenbären zum Fraße vorgeworfen. Sein Ende soll entsetzlich gewesen sein. – Peggy Bluffhouse, Toms Braut, war natürlich auch da. Sie wurden an Ort und Stelle getraut und ritten auf Kamelen – Kamele waren damals sehr modern – ins junge Heim.

Die übrigen Boutherweks wurden in einen von der Regierung gewidmeten Glaspalast gebracht und gebeten, sich darin wohlzufühlen. Freilich seien sie es sich und dem Lande schuldig, dass man wochentags zwischen neun und achtzehn Uhr Führungen veranstaltete, die übrige Zeit gehöre ihnen. Das staatlich bewilligte Ehrengehalt sei an eine einzige Bedingung geknüpft: Nach ihrem Tode werde man sie einwecken und im Museum zur Nacheiferung den Schulklassen zeigen. – Boutherweks unterschrieben den Kontrakt und hielten es auch drei Tage aus.

Dann bestiegen sie, nachts und heimlich, ihr Flugzeug und flogen wieder davon. Sie hatten ihr Erdenleben bereits satt. Dorothy Boutherwek meinte, sie pfeife auf die Klinik und aufs Theater. Und Phil rasierte sich nun wieder selber. – Einen kurzen Brief hinterließen sie an die Regierung. Er wurde niemals veröffentlicht. Wahrscheinlich eignete sein Inhalt sich nicht so recht zur Publikation.

Im Jahre 1995 flogen Boutherweks immer noch. Zwischen Frisko und Leningrad. Ganz wie früher. Die Eltern starben freilich. Die andern aber fuhren weiter, ließen sich mit der Flugpost Gatten und Frauen zustellen und kamen niemals wieder zur Erde zurück.

 Sie wollten keinem Menschen begegnen.

Ursula hängt in der Luft

Luftballons sind sehr beliebt
und das Schönste, was es gibt.
Erstens sind sie immer rund.
Zweitens sind sie meistens bunt.

Drittens fliegen sie so fein!
Hierbei fällt mir wieder ein,
was damals mit Ursula
und dem alten Knoll geschah.

Knoll war ein bekannter Säufer
und ein Luftballonverkäufer.
Denkt, an diesen alten Mann
schlich sie sich von hinten ran.

Einen langen Stab benutzend,
hielt er Luftballons, vier Dutzend!
Doch er wackelte bedenklich,
denn er war vom Trinken kränklich.

Ursel gab ihm einen Stoß!
Da ließ Knoll die Stange los.
Hastig griff sie zu und flog
in die Luft, so sehr sie zog.

Langsam ward sie klein und kleiner.
Und allmählich konnte keiner
ihr noch mit den Augen folgen.
So verschwand sie hinter Wolken.

Immer weiter trieb der Wind
die Ballons mitsamt dem Kind.
Als sie wieder runtersah,
hing sie über Afrika.

Überm Tanganjika-See
taten ihr die Finger weh.
Aber mit dem letzten Rest
ihrer Kraft hielt sie sich fest.

Schließlich kam ein Negerheer
und beschoss sie mit dem Speer.
Die Ballons zerplatzten laut,
übrig blieb nur ihre Haut.

Ursula, die langsam sank,
fühlte sich vor Schreck ganz krank.
Und dann fiel sie unter Schreien
mitten in die Negerreihen.

Anfangs wollten sie sie braten.
Welches Glück, dass sie's nicht taten.
König Wum nahm sie zur Frau.
(Doch, das weiß man nicht genau.)

Fest steht, dass sie leben blieb,
weil sie eine Karte schrieb.
Darauf stand in ihrer Schrift:
»Seht, wie mich das Schicksal trifft.
Holt mich heim aus Afrika.
Herzlichst Eure Ursula.«

Über Anthropophagie und Bildungshunger

Was weiß man schon über Menschenfresser?
Fressen sie Mensch, wie sich's gehört, mit
Gabel und Messer?
Schmeckt ihnen ein dicker, asthmatisch
gewesener Bäcker besser
als ein dünner, schmalfingriger König?

Man weiß so wenig …

Die zweite Mondreise

Erinnert ihr euch noch, wie ich auf den Mond klettern musste, um meine silberne Axt wiederzuholen? Nun, später geriet ich ein zweites Mal auf den Mond, freilich auf viel angenehmere Art und Weise. Ein entfernter Verwandter von mir, ein sehr wohlhabender Mann, plante eine Expedition. Es müsse, sagte er, ein Land geben, dessen Einwohner solche Riesen seien wie die im Königreich Brobdingnac, von dem Gulliver berichtet hat. Er wolle dieses Land finden, und ich solle ihn begleiten. Ich hielt zwar das Ganze für ein Märchen, aber er hatte mich, wie ich wusste, als Erben eingesetzt, und so war ich ihm schon eine kleine Gefälligkeit schuldig.

Wir fuhren also los und kamen bis in die Südsee, ohne dass uns etwas Nennenswertes begegnet wäre, wenn man von ein paar fliegenden Männern und Frauen absieht, die in der Luft Menuett tanzten. Erst am achtzehnten Tage, nachdem wir die Insel Otaheiti passiert hatten, begannen die Abenteuer, und zwar mit einem unheimlichen Orkan, der unser Schiff, etwa tausend Meilen hoch, in die Luft hob. Dort oben, über den Wolken, segelten wir dann sechs Wochen und einen Tag, bei stetiger Brise, dahin, bis wir ein großes Land entdeckten. Es war rund und glänzend und glich einer schimmernden Insel. Wir gingen in einem bequemen Hafen vor Anker und an Land. Tief unter uns sahen wir, mit unseren Fernrohren, die Erdkugel mit ihren Seen, Flüssen, Bergen und Städten, winzig wie Spielzeug.

Die Insel, das merkten wir bald, war der Mond. Die Bewohner ritten auf dreiköpfigen Geiern durch die Luft, als seien es Pferde. Da gerade Krieg war, und zwar mit der Sonne, bot mir der Mondkönig eine Offiziersstelle an. Ich lehnte aber ab, als ich hörte, dass man statt Wurfspießen große weiße Rettiche nähme und Pilze als Schilde. So ein vegetarischer Krieg, sagte ich, sei nichts für mich.

Außer den Mondriesen traf ich auch Bewohner des Hundssterns. Sie reisen als rührige Kaufleute durchs ganze Weltall, sehen wie große Bullenbeißer aus und haben die Augen links und rechts unter der Nase. Da die Augen lidlos sind, decken die Leute beim Schlafengehen die Augen mit der Zunge zu. Die Hundssternbewohner messen im Durchschnitt zwanzig, die Mondmenschen sogar sechsunddreißig Fuß. Sie heißen aber nicht Mondmenschen, sondern »kochende Geschöpfe«, weil sie ihre Speisen, genau wie wir, auf dem Herd zubereiten. Das Essen kostet sie wenig Zeit. Sie öffnen einfach ihre linke Seite und schieben die Mahlzeit direkt in den Magen. Das geschieht außerdem nur einmal im Monat, also zwölfmal im Jahr. Auch sonst haben sie ein recht bequemes Leben. Die Tiere, aber auch die »kochenden Geschöpfe« selber wachsen auf Bäumen in sechs Fuß langen, nussähnlichen Früchten, die man, wenn sie reif sind, pflückt, einige Zeit lagert und schließlich in heißes Wasser wirft. Nach ein paar Stunden springen dann die fertigen Geschöpfe heraus. Jedes der Wesen ist schon vor der Geburt auf seinen künftigen Beruf vorbereitet, ob nun als Soldat, Professor, Pfarrer oder Bauer, und beginnt sofort nach der Geburt den vorbestimmten Beruf auszuüben.

 Sie haben an jeder Hand nur einen Finger, tragen den Kopf unter dem rechten Arm und lassen ihn, wenn sie auf Reisen oder zur Arbeit gehen, normalerweise zu Hause. Sie können's aber auch umgekehrt machen, den Kopf fortschicken und den Körper daheim lassen. Die Augen können sie in die Hand nehmen und dann damit genauso gut sehen, als hätten sie die Augen im Kopf. Wenn sie eins verlieren, macht das nichts. Man kann sich ein neues in Spezialgeschäften kaufen, in jeder Farbe und gar nicht teuer. Als ich auf dem Mond war, waren gerade gelbe Augen Mode.

Ehe ich es vergesse: der Bauch dient den Mondleuten als Rucksack und Handtasche. Sie stecken alles, was sie mitnehmen, in ihn hinein wie in einen Schulranzen und können ihn nach Belieben auf- und zumachen. Und wenn sie alt geworden sind, so sterben sie nicht, sondern lösen sich in Luft auf und verfliegen wie Rauch überm Dach.

Ich muss zugeben, dass das alles recht seltsam klingen mag. Aber es hat trotzdem seine Richtigkeit, und wer auch nur im Geringsten daran zweifelt, braucht nur auf den Mond zu reisen und meine Angaben nachzuprüfen. Dann wird er mir abbitten und bestätigen, dass ich von der Wahrheit so wenig abgewichen bin wie kein anderer Mondreisender sonst. Faustdicke Lügen aufzutischen, war mir mein Leben lang verhasst. Ich kann's nicht ändern. So, und nun will ich ein Glas Punsch trinken. In meinem Zwölfliterglas. Prosit!

Brief aus Paris

Die Sonne schien. Die Luft war weich.
Die Menschen sind bekanntlich gleich.
Und ist man auch kein Lord –
man zählte Geld. Es war genug.
Man nahm den Koffer, fuhr zum Zug
und fort.

Hannover, Köln a. Rh., Namür …
Der Sommer stand schon in der Tür.
Und es war doch erst Mai.
Die Bäume blühten längs und rings.
Auch an zerschossnen Kirchen ging's
vorbei.

Man sah vorm Fenster das und dies.
Auf einmal war man in Paris.
Es ging wie im Galopp.
Man sah die Stadt zum ersten Mal.
Und was man sah, fuhr Berg und Tal
im Kopp.

Paris ist schön. Und laut. Und bunt.
In Autobus und Untergrund
sitzt man die Knochen krumm.
Versailles, Louvre, Luxembourg …
so stolpert man in der Kultur
herum.

Die Kinder sind das Schönste hier.
Die Großen sind genau wie wir.
Es heißt nur non statt nein.
Die Kriege sind der größte Mist.
Und wer sie will und fördert, ist
ein Schwein.

Die Zeit vergeht uns wie im Trab.
Wir wollen noch an Heines Grab.
Denn wir verehren ihn.
Der wusste, was er schrieb und sprach!
Am Dienstag geht's dann wieder nach
Berlin.

Halbe Stunde Aufenthalt!

Wir warten auf den Schnellzug Wien–Berlin. Wir warten bereits eine Stunde auf den Schnellzug Wien–Berlin … Ich hätte nie gedacht, dass es soviel Menschen gibt! Eine junge Dame setzt ihren Coupékoffer auf meinen Fuß. Und sagt liebenswürdig: »Sie gestatten doch?« (Was soll man darauf antworten?) Ein goldigblondes kleines Ding füttert einen Wachtelhund mit Zigarettenschachteln. Er will nicht. Und schüttelt das Haupt … Ach, es ist ja so heiß! Alle sind schwitznass. Das fünfte Taschentuch seit heute früh!

Ein Herr mit weißem Kopf- nebst Barthaar fragt mich schon das dritte Mal, ob nun heute Montag oder Dienstag sei. Und jedes Mal sage ich, der Wahrheit gemäß: »Mittwoch!« Er glaubt's nicht. Progressiver Sonnenstich! Schade um den alten Herrn …

Die Zugspitze wird sichtbar. (Die Spitze des Zuges meine ich.) Der Start beginnt. Mein Nebenmann zögert noch, den dritten seiner Koffer zwischen die Zähne zu nehmen. Da wird er umgerannt! Zunächst der Koffer. Dann der Nebenmann … »Kann dir die Hand nicht geben, derweil ich …« Weiber werden, wie Schiller prophezeiend vorhergesagt hat, zu Hyänen … Taschen und Körbe zerrend, drängen sie auf den bremsenden Zug los. Mit gebrochenen Knien und Augen.

Zitternd steht der Zug still. Und ist voller Menschen. Also 'rein! – Strategisch weitblickend steure ich auf den ersten Wagen zu. Weit draußen steht er … Der Mann mit dem Bierwagen fährt mir einen Gummiabsatz ab. Es geht auch ohne dem! Vorwärts! … Wie ich dann schnaufend hochklettere, ruft die rote Mütze: »Der erste Wagen geht nicht weiter! Alles aussteigen!« Na schön! Ich lasse mich also samt Gepäck wieder rückwärtsfallen.

Und resigniere. Stelle mich und mein Köfferchen auf den Bahnsteig … Warten ist eine Kunst … Aber die Wiener, die ihres Wagens beraubt sind, werden giftig. Koffer rumpeln durch die Fenster. Ebenso alte wie dicke Damen rutschen ächzend die Stiegen herunter. »Is dös a schlampete Wirtschaft!« »I göh aufs Dach. Dös ist mir ganz wuascht!« – Ein flotter Dandy mit aufgeweichtem Kragen erleichtert der Mama dekorativ den Abstieg. Ein etwas abgetragenes Ehepaar packt sich in stummer Verzweiflung an den Händen. Sie hat ein Loch im Strumpf. Aber er behält sie trotzdem lieb …

In Gedanken versetze ich mich gerade plätschernd in meine häusliche Badewanne … Da steht eine kleine fesche Person vor mir und streckt mir ein Bündel Banknoten entgegen. Sehr angenehm! Aber ob ich das so ohne weiteres annehmen kann? Dazu kenne ich sie doch viel zu wenig – Doch still! Sie redet. Schnell. Ängstlich. Und vor allem: Französisch … Was will sie? Bouteille de bière? Doch, sie hat Durst. Meine nationalen Bedenken weichen edler Menschlichkeit. Ran an den Bierwagen! … Himmel, es gibt kein Flaschenbier! Ich mache ihr das klar. Da will sie Mineralwasser. »Wie Sie befehlen!« Ich bringe den Sauerbrunnen. Nun will sie die Flasche geöffnet haben. Nun ist's aber genug, Marianne! Während sie aus der Flasche trinkt (allerliebstes Baby übrigens!), hält sie mir das Geldbündel hin.

Ich nehme davon. Aber es klappt nicht. Tausend Mark kriege ich noch. Aber so kleines Geld hat sie natürlich nicht. Mein Französisch muss unter aller Kritik sein. Sie kapiert nicht und hält mir unentwegt einen Hunderttausender vor die Pupillen. (Wie ein rotes Tuch.) Endlich klappt's. Es stimmt.

Sie atmet hörbar auf, drückt mir die leere Flasche in die Rechte. Nickt lieb. Und turnt in ihren Schlafwagen zurück … Servas! …

Übrigens – Mädels hat es hier! Wenn sie in Wien alle so hübsch und schneidig sind, dann lasse ich mich in Österreich naturalisieren! Aus den Fenstern lehnen sie. Mit so lieben, matten, übernächtigen Gesichtern. Und der Kohlenstaub liegt wie bläulicher Reisepuder auf dem Teint … Ich nicke der einen mit dem Madonnenlärvchen lustig zu. Aus Sympathie. Da lächelt sie – aber wie ein Frühlingsmorgen! (Fabelhaftes Bild!) …

Geschrei! Ein Koffer ist aufgesprungen! Zwei Damen packen schnell wieder ein: Was alles in so 'nem Koffer ist! Vom Strumpf bis zur Haarspange; von der Brennschere bis zur Butterdose; von der Wiege bis zum Grabe … Alles ist drin in dem Koffer! (Zunächst lag es aber auf dem Bahnsteig.)

Türen schlagen. Stimmen kreischen. »Einsteigen!« Ehemänner und andere Kavaliere, die um eine Tasse Kaffee oder eine Tüte Kirschen männlich gekämpft haben, klettern mit ihrem Einkauf durch die Fenster. Zurück zur lieben Gattin (oder so …), der schon das rosa Züngchen aus den Lippen schaut. Vor Durst.

»Einsteigen!!« Der Zug gibt Dampf. Ruckt an. Verspätete Fahrgäste brausen daher. Werden in die Wagen gezerrt und gestoßen.

Der Zug fährt los ... Da kommt noch einer! Balanciert auf einem Papptellerchen Würstchen, Semmel und Mostrich ... »Jose-e-e-ef!« gellt's aus dem abdampfenden Zug. Und dann: »Jose-e-eferl!« Und dann: ist der Zug weg.

Josef winkt. Dann isst er Würstchen. Mit sehr viel Mostrich. Ohne Semmel.

Er ist in Hemdsärmeln. Der Josef ... Der Zug ist fort ...

Die Heimkehr des verlorenen Sohnes

Erst wollte er bis ans Mittelmeer.
Er war schon auf halber Strecke
und stieg im Schnee und in Innsbruck umher.
Der Himmel war blau. Das gefiel ihm sehr.
Und er staunte an jeder Ecke.

Dann hatte er noch zehn Tage Zeit
und wollte nach Nizza reisen.
Er war vergnügt wie nicht gescheit
und lachte und dachte: Die Welt ist zwar weit,
doch ich werde ihr's schon beweisen!

So kam der Tag, an dem er fuhr.
Es war schon alles in Butter.
Da blickte er plötzlich erstaunt an die Uhr
und pfiff auf Nizza und die Natur
und reiste zu seiner Mutter.

Die Fahrt erschien ihm wunderbar.
Er winkte jedem Flüsschen.
Es war schon über ein volles Jahr,
dass er nicht mehr zu Hause war.
Und da schämte er sich ein bisschen.

Dann kam er an und stieg schnell aus
mit seinen Koffern und Taschen.
Er kaufte Blumen und fuhr nach Haus
und sagte versteckt hinterm Blumenstrauß:
»Ich wollte dich überraschen.«

Jetzt saß er zwar nicht in Nizza und Cannes,
doch er saß in Mutters Zimmer.
Sie schwieg und lachte dann und wann
und erzählte und brachte Kuchen an
und betrachtete ihn immer.

Zehn ganze Tage blieb er hier!
Bis zur allerletzten Minute.
Dann fuhr er fort und winkte ihr.
Sie stand verlassen auf Bahnsteig 4
und sagte gerührt: »Der Gute.«

O Täler weit, o Höhen

Und noch einmal […] will ich die Fanfare an die Lippen setzen und das Lob meiner Mutter in die Lüfte schmettern, dass es von den Bergen widerhallt. Aus allen Himmelsrichtungen antwortet das Echo, bis es klingt, als stimmten hundert Waldhörner und Trompeten, Frau Kästner zu Ehren, in mein Preislied ein. Und schon mischen sich die Bäche und Wasserfälle ins Konzert, die Gänse auf den Dorfstraßen, die Hämmer vor der Schmiede, die Bienen im Klee, die Kühe am Hang, die Mühlräder und Sägewerke, der Donner überm Tal, die Hähne auf dem Mist und auf den Kirchtürmen und die Bierhähne in den abendlichen Gasthöfen. Die Enten im Tümpel schnattern Beifall, die Frösche quaken Bravo, und der Kuckuck ruft von weit her seinen Namen. Sogar die Pferde vorm Pflug blicken von der Feldarbeit hoch und wünschen dem ungleichen Paar auf der Landstraße wiehernd gute Reise.

Wer sind die beiden, die singend und braungebrannt das Land durchstreifen? Die wie zwei Handwerksburschen aus der gluckernden Feldflasche trinken? Die hoch über Hügeln und Tälern rasten, hartgekochte Eier frühstücken und zum Nachtisch das liebliche Panorama mit den Augen verzehren? Die bei Sturm und Regen mit Pelerinen und Kapuzen trotzig und unverdrossen durch die Wälder ziehen? Die abends am Wirtshaustisch eine warme Suppe löffeln und, kurz darauf, herrlich müde ins buntkarierte Bauernbett sinken?

Das Wandern wurde, mir zuliebe, Frau Kästners Lust, und sie betrieb dieses dem Gemüt und der Gesundheit dienliche Vergnügen höchst systematisch. So ließ sie sich zunächst einmal, etwa als ich acht Jahre zählte, zum Erstaunen der Schneiderin ein wetterfestes Kostüm aus grünem Loden anfertigen. Im Geschäft wäre es billiger gewesen, doch in Geschäften gab es dergleichen nicht. Frauen wanderten damals nicht, es war ganz und gar nicht Mode. Der Rock reichte, der Zeit gemäß, fast bis zu den Knöcheln! Frau Wähner, die Putzmacherin, fabrizierte nach Mutters Angaben einen breitkrempigen grünen Lodenhut, der mit zwei gabelförmigen Patenthutnadeln in der Frisur verankert und vertäut wurde, und auch Frau Wähner staunte. Zwei grüne Regenpelerinen wurden eingekauft. Mein Vater, der das Staunen längst verlernt hatte, schuf in der Kellerwerkstatt mit wahrem Feuereifer zwei unzerreißbare grüne Rucksäcke, den kleineren für mich. Und so waren wir bald aufs beste und aufs grünste ausgerüstet.

Nicht das Geringste fehlte. Alles Notwendige war beschafft worden: zwei eisenbewehrte Bergstöcke, eine Feldflasche, Büchsen für Butter, Wurst, Eier, Salz, Zucker und Pfeffer, ein Kochgeschirr für Knorrs Erbswurst und Maggi-Suppen, ein Spirituskocher und zwei leichte Essbestecke. Zu den kernigen Stiefeln gehörte eine Büchse mit Lederfett, und nur einmal wurde sie, bei einem Picknick irgendwo in der Lausitz, mit der Butterbüchse verwechselt. Schon nach dem ersten Bissen war uns klar, dass es sich nicht empfiehlt, Lederfett aufs Brot zu streichen. Es heißt zwar, über den Geschmack ließe sich streiten. Doch auf die Frage, ob Lederfett ein Genussmittel sei, dürfte es wirklich nur eine einzige Antwort geben. Jedenfalls ist dies seitdem meine fundierte Meinung. Gegenteilige Belehrungen müsste ich rundweg ablehnen.

Wir waren aufs Wandern lückenlos vorbereitet und brauchten nur noch das Wandern selber zu erlernen. Unsre Wanderjahre waren Lehrjahre. Anfangs glaubten wir zum Beispiel, der Mensch wisse auch an Kreuzungen den richtigen Weg, der zum richtigen Ziele führt. Als wir aber, zu wiederholten Malen, nach vier, ja fünf Stunden verblüfft dort anlangten, wo wir morgens aufgebrochen waren, begannen wir am Instinkt des Europäers zu zweifeln. Wir waren keine Indianer. Und es half nichts, sich nach dem Stande der Sonne zu richten. Vor allem dann nicht, wenn man sie vor lauter Wald und Wolken gar nicht sah!

Deshalb gingen wir dazu über, anhand von Landkarten und Messtischblättern das Weite zu suchen, und brachten es mit der Zeit zu nahezu fehlerlosen Ergebnissen. Auch Blasen an den Füßen, Atemnot und Kreuzschmerzen überwanden wir bald. Wir gaben nicht nach. Wir schritten fort und wurden Fortgeschrittene. Schließlich kannten wir alle Schliche des Wanderns. Wir legten am Tag vierzig, sogar fünfzig Kilometer zurück, ohne dass uns dies sonderlich angestrengt hätte, und wir durchstreiften auf diese Weise Thüringen, Sachsen, Böhmen und Teile Schlesiens. Wir erstiegen, langsamen Schritts, zwölfhundert Meter hohe Berge, und wir hätten auch noch höhere Gipfel erklommen, wenn es nur welche gegeben hätte. Wo es uns besonders gefiel, spendierten wir uns einen Ruhetag und faulenzten wie schnurrende Katzen. Dann ging es weiter im Text, eine Woche und manchmal vierzehn Tage lang, zuweilen mit Dora, der Kusine, meist und fast noch lieber ohne sie.

Die Märsche wurden für unsere gelehrigen Füße zu Spaziergängen. Zwischen uns und der Natur stand keine Mühe mehr. Die Flüsse, der Wind, die Wolken und wir blieben im Takt. Es war herrlich. Und gesund war es außerdem. Vom Fuß bis zum Kopf, und vom Kopf bis zu den Füßen. Mens sana in corpore sano, wie wir Lateiner sagen.

So eroberten wir uns den Thüringer Wald und die Lausitzer Berge, die Sächsische Schweiz und das böhmische Mittelgebirge, das Erzgebirge und das Isergebirge, und dazu sangen wir: »O Täler weit, o Höhen, o schöner grüner Wald!« Vom Jeschken bis zum Fichtelberg, von der Roßtrappe bis zum Milleschauer erstiegen wir alle Gipfel und Gipfelchen. Ruinen und Klöster, Burgen und Museen, Dome und Schlösser, Wallfahrtskirchen und Rokokogärten lagen am Weg, und wir hielten feierlich Umschau. Dann zogen wir weiter, kreuz und quer durchs Land, die Friseuse in grünem Loden und ihr Junge. Manchmal hatte ich sogar meine buntbebänderte Laute dabei, da sang es sich noch besser. »Da draußen, stets betrogen, saust die geschäft'ge Welt«, sangen wir, und der Herr von Eichendorff, der Dichter des Liedes, hätte seine helle Freude an uns beiden gehabt, wenn er nicht schon tot gewesen wäre. Zwei glücklichere Enkel der Romantik hätte er so bald nicht gefunden.

Dieser oder doch einer ähnlichen Meinung schien eines Tags ein Herr zu sein, der noch lebte. Meine Mutter und ich waren nach einer mehrtägigen Wanderung durch die Sächsische Schweiz im Linckeschen Bad eingekehrt, einem Gartenlokal an der Elbe, das durch den Kammergerichtsrat E. T. A. Hoffmann, einen romantischen Kollegen Eichendorffs, berühmt geworden ist. Die Königsbrücker Straße lag nur um die Ecke, aber wir hatten Durst und noch keine rechte Lust aufs Daheimsein. So ließen wir uns Zeit, tranken kühle Limonade und brachen, nachdem die Kellnerin kassiert hatte, in schallendes Gelächter aus. Denn jetzt besaßen wir, wie wir das Portemonnaie auch drehten und wendeten, nur noch ein einziges Geldstück, einen Kupferpfennig! Mitten im »Goldenen Topf«! (Diese Bemerkung gilt bloß für belesene Leute.)

Der Herr am Nebentisch wollte wissen, warum wir so fröhlich waren. Und als wir es ihm gesagt hatten, machte er meiner Mutter einen Heiratsantrag. Er sei, erzählte er, ein in den Vereinigten Staaten reich gewordener Deutscher, der sich für drüben eine Frau suche. Meine Mutter sei, das habe er sofort gemerkt, die Richtige, und dass er bei dieser einmaligen Gelegenheit auch noch einen so aufgeweckten und lustigen Sohn als Zuwaage erhalte, sei ein Glücksfall ohnegleichen. Unsere unverdrossen wachsende Heiterkeit steigerte seinen Eifer, statt ihn zu dämpfen. Dass wir einen Ehemann und Vater bereits besäßen, focht ihn nicht an. Dergleichen lasse sich, meinte er selbstsicher, mit genügend Geld und bei einigem guten Willen bequem regeln. Er war von seinem Vorsatz, uns beide zu heiraten und nach Amerika mitzunehmen, durch nichts abzubringen. Und so blieb uns schließlich nichts übrig als die Flucht. Wir waren, als geübte Wanderer, besser zu Fuß als er. Er verlor uns aus den Augen, und so konnten wir uns gerade noch retten und dem Deutschen Reich erhalten.

Hans Urian

Wir haben keinen Reiseplan,
und auch kein Geld für die Eisenbahn,
    wie die andern! Die andern!
Doch von der Luft wird keiner satt,
und wer kein Geld im Hause hat,
    muss wandern, muss wandern!

Wanzen und Lord Byron

Der Berliner D-Zug litt, der Ausdruck sei erlaubt, an Verstopfung. Ich stand, mit den Koffern, im Laufgang eines Wagens der ersten Klasse. Nach zwei Stunden lammfrommen Stehens riss mir die Geduld, und ich setzte mich, trotz meines Billetts dritter Klasse, in eines der völlig leeren gepolsterten Coupés. Es gibt Situationen, deren Widersinn das sanfteste Gemüt erregen kann. Sechs leere Coupés und ein überfüllter Laufgang – das ist so eine Situation.

Die anderen Mitreisenden standen vor den Fenstern des Abteils, in dem ich es mir bequem gemacht hatte, und blickten äußerst missbilligend durch die Scheiben. Sie fanden, dass sie trotz aller leeren Polster der Welt stehen sollten, in Ordnung. Ich drückte den Kopf in die spitzengeschmückte Lehne und erregte Ärgernis.

Dann ging die Tür auf, und ein Herr Zugführer bat um den Fahrschein. Ich zeigte ihn, braun wie er war, und suchte zu erklären, wieso ich trotzdem weich säße. Der Beamte schien Verständnis für angewandte Logik zu haben, schüttelte aber, nach einigem Nachdenken, doch noch die Mütze und sagte: »Kommen Sie mit ans andere Ende des Zugs. Dort sind noch Plätze in der zweiten Klasse frei. Da können Sie sitzen. Denn die erste Klasse«, hier hob er die Stimme, »die wollen wir doch wenigstens rein halten!«

Nun weiß ich also, wozu wir die erste Klasse haben.

An Basel hab ich eine Erinnerung, die mit Basel nicht das mindeste zu tun hat und die ich deshalb nicht so leicht vergessen werde. Wir saßen im Café Spitz am Rhein, auf der Terrasse, und tranken mit einem Ehepaar aus der Mark Brandenburg offenen Weißwein, schütteten Erdbeeren und Zucker hinein und sagten, es schmecke wie Bowle. Die Kellnerinnen – ich habe eine Abneigung gegen diese schwarzgekleideten, ernsten Gouvernanten der Schweizer Hotels –, also, die Kellnerinnen wunderten sich. Der Mond schien voll. Ein paar Männer am Nebentisch bildeten flugs einen Gesangverein und machten innige Vokalmusik.

Da erzählte uns der Herr aus der Mark Brandenburg eine kleine Geschichte. Er kenne, sagte er, einen Mann, dessen Frau noch keine Wanzen gesehen hatte.

Wird die Geschichte zu unappetitlich? Na, ich habe nun einmal angefangen! Also, besagte Dame hatte noch keine … nein, sie hatte noch keine gesehen. Und als der Mann einmal auf Reisen war und in einem Hotel übernachtete, wo es welche gab – da klappte er den hinteren goldenen Uhrdeckel auf, legte eines der Tierchen sorgfältig hinein und klappte den Deckel wieder zu.

Was soll ich noch sagen? Er hat sie ihr gezeigt. Sie muss aber mit dem lebenden Andenken unvorsichtig umgegangen sein. Vielleicht hat er auch nicht bloß in der goldenen Uhr welche transportiert. Jedenfalls ist es ein Glück, dass die Frau nun weiß, wie die vielen kleinen nussbraunen Tiere heißen, die es seitdem in der Wohnung gibt.

In Ouchy, der See-Vorstadt *Lausannes,* wohnte ich in einem Hause, in dem Lord Byron im Jahre 1816 gedichtet hat. »In this house« stand zu lesen, »Byron wrote the Prisoner of Chillon.« Die Betten waren sauber.

Und noch etwas war an dem Hotel auffällig. Vor dem Hoteleingang standen Tische und Stühle; wenige Meter vom Genfer See; sehr nett. Rechts vom Portal wurde das Menü für 4,50 Franken serviert, links vom Portal das einfachere, für 3,50. Nun zeigte man sich aber, da wir uns ahnungslos rechts gesetzt hatten, trotzdem bereit: das Gedeck für 3,50 Franken auf der teuren Seite zu servieren. Freilich koste es dann 3,80 Franken!

Ich fragte, ob es genau das gleiche Essen sei, das rechts mehr koste als links. Jawohl. Warum, das konnte kein Mensch sagen.

Also? Wer nicht viel Geld hat, der soll sich lieber nicht rechts setzen!

Gruß aus den Bergen

Was macht Berlin? Wir sind bereits
seit vierzehn Tagen in der Schweiz
und leben wie die Schwalben.
Französisch kann hier jedes Kind.
Die Preise und die Berge sind
das Höchste in den Alpen.

Wir rühren keine Zeitung an.
Man weiß, wie sehr das schaden kann.
Wir essen lieber Kuchen!
Hier wird der Mensch von selber stramm.
Die Weltgeschichte kann uns am –
am Matterhorn besuchen.

In Genf, vorm Völkerbundspalast,
hat uns ein Fotograf gefasst
und preiswert aufgenommen.
Das Bild jedoch – was war der Grund?
Lag das nun bloß am Völkerbund? –
das Bild war sehr verschwommen.

In Kandersteg, nicht weit von Bern,
stieß ich auf einen blonden Herrn.
Der sprach entzückten Tones:
»Das neue Kabinett, das schwankt
Und Hindenburg hat abgedankt,
zugunsten seines Sohnes.«

Und Nobile sei (statt zur Kur)
der Malmgren-Gruppe auf der Spur …
Der Blonde wusste Sachen!
Hat er sich einen Scherz erlaubt?
Ich hab den ganzen Zimt geglaubt.
Was soll man weiter machen.

Jetzt komm ich aber rasch zum Schluss,
weil ich noch auf die Jungfrau muss.
Das kostet sechzig Franken!
Seit Dienstag früh wächst mir ein Bart.
Das ist nicht anders, wenn man spart.
Wir grüßen! Nicht zu danken.

In Halbschuhen auf die Jungfrau

Es gibt Menschen, die der Ansicht sind, im Urlaub müsse man Schuhe anziehen, die mehr wiegen als der ganze übrige Kerl. Und weil Nagelschuhe verpflichten, kaufen sich diese Leute dann noch eine Wäscheleine, einen Rucksack, den man mindestens mit Sie anreden möchte, und einen Spazierstock, der an sämtlichen Enden sehr spitz ist und der, so unfein es klingt, Eispickel heißt.

Derartig verziert, stürmen sie dann jeden Gipfel, der ihnen in die Quere kommt. Manchmal verschwinden sie in einer Gletscherspalte und müssen an der Wäscheleine wieder herausgezerrt werden. Oft geht es nicht so glimpflich ab.

Kürzlich sind zwei dieser Eisheiligen von St. Gallen aus bis nach Chamonix, schräg durch die ganze Schweiz, geklettert. Kein Berg über zweitausend Meter wurde unterschlagen. Sie brauchten, glaub ich, ein Vierteljahr zu der Sache. Nun sind sie freilich Inhaber eines neuen Rekords und können lachen.

Ehe aber ein bedauerliches Missverständnis um sich greift, möchte ich betonen, dass ich den Aufenthalt auf Gletschern keineswegs gering schätze. Ich wüsste weniges aufzuzählen, was schöner sein kann. Ich wende mich nur gegen das Besteigen, nicht gegen das Obensein.

Darf ich mit einem Vergleich kommen? Also, es ist sicher großartig, zehn Sprachen zu beherrschen. Es verleiht Sicherheit. Es kann einem nützen. Das sehe ich alles ein. Aber keine tausend Pferde werden mich dazu zwingen, diese zehn Sprachen, aus Rücksicht auf Hochgefühle und Vorteile, zu erlernen! Ich warte, bis Esperanto Weltsprache wird.

Das Esperanto für Gipfelgefühle ist erfunden worden. Es heißt: Jungfraujoch-Bahn. Man seilt sich nicht an. Man trägt keine Rucksäcke. Man haut mit dem Eispickel keine Löcher ins Eis. Und man kommt doch 3500 Meter hoch.

Es gibt – ich weiß schon – Kenner, welche sagen: Wer so einen Berg nicht persönlich »macht« (Kenner nennen das so), der hat nicht den zehnten Teil des Genusses davon.

Da muss ich widersprechen. Ich war sehr zufrieden und weiß, weniges bisher erlebt zu haben, was mich so erfasst hat wie die paar Stunden dort oben in Schnee und Eis. – Und die Aussicht war für alle Anwesenden die gleiche. Ich habe einen der Herren scharf beobachtet, der sich, tagelang, heraufgewürgt hatte. Ich habe mich sogar nach seiner Gefühlsstärke, hintenrum, erkundigt, als wir gemeinsam im Speisesaal dinierten. Also, das nächste Mal will er fahren.

Dazu kommt natürlich noch, dass viele Menschen körperlich gar nicht in der Lage sind, eine Hochtour zu machen. Sie sind zu schwächlich. Oder zu stark. Oder zu alt. Oder zu jung.

Ein Wiener Schriftsteller, der auch oben war – per Bahn selbstredend –, schrieb dieser Tage in einer Wiener Zeitung über diesen Ausflug. Er mokierte sich vor allem darüber, dass man Kinder mit hinaufgenommen hatte. Was er dagegen hätte? Wenn ich einmal Kinder habe, fahre ich mit ihnen bestimmt aufs Jungfraujoch. Wer weiß, wie wichtig es ist, in der Kinderseele große Eindrücke zu wecken, weil sie fürs Leben bleiben, der wird ihr das Erhabenste, was die Natur außer dem Anblick des Ozeans zu bieten hat, nicht vorenthalten wollen. Die Tour ist leider etwas teuer.

Wir saßen in Interlaken im Hotel. Da trat der Portier an unseren Tisch, legte ein paar Fahrkarten hin und erklärte, das Auto führe gleich zum Bahnhof. Es waren Karten für die Jungfraubahn. Ich fragte nach dem Preis und blieb, als er geantwortet hatte, noch einen Moment sitzen. Rund fünfzig Mark pro Person, hin und zurück. Bei zwei Personen macht das –

Dann setzten wir uns ins Auto, fuhren nach Interlaken-Ost, stiegen in den Zug und erschraken, dass wir ohne Mäntel, Schirme, Pelze, Wärme-Öfchen und Schaftstiefel in die Regionen des ewigen Eises fahren wollten. Meine Mutter trug ein leichtes Sommerkleidchen; ich ging ohne Weste. Ein Plaid war die einzige Ausrüstung.

Es stellte sich später heraus, dass sie ausreichte.

Zunächst fuhren wir durch schöne grüne Täler, mit dunkel bewaldeten Hügeln am Saum und reizenden Häuschen. Wie schon so die Gegend ausschaut, wo die Schokolade wächst. Manchmal lugten aus einer Ecke des Horizonts schimmernd weiße Bergkuppen hervor. Sie waren noch fern, wie auch Ansichtskarten, und die eifrig mit Geographie versehenen Mitreisenden meinten, das seien Eiger, Mönch und Jungfrau, und waren bemüht, die Jungfrau vom Mönch zu unterscheiden.

Auf diese kurzweilige Art kamen wir in Grindelwald an. Hier

stiegen wir in einen noch kleineren elektrischen Zug, gerieten mit einer Schar bemalter Amerikanerinnen ins Abteil und blickten zum Fenster hinaus.

Der Zug kletterte, besser als wir es gekonnt hätten, ließ die letzten Wälder hinter sich, die letzten Häuschen, die letzten Krüppelkiefern, die letzten Matten. Immer mächtiger und unnahbarer rückten die Eisberge auf uns zu. Die nahe Umgebung wurde steinig, felsig, unfruchtbar.

Und dann stiegen wir wieder aus. Die Station hieß Klein-Scheidegg. Unmittelbar dort, wo die Gletscherzungen enden, am Fuße des Eis- und Schneewassers, liegen ein Bahnhof und ein Hotel. Ein großes, wundervolles Hotel. 2500 Meter hoch. Mit Fünfuhrtee und Liegestühlen. Man bettet sich hinein, atmet die klare Luft, spürt die Strahlung der Sonne, ohne zu schwitzen, und blinzelt die Gletscher an.

Von Scheidegg aus zog uns ein noch kleinerer Zug als der vorige die letzten tausend Meter hoch. Man braucht auf dieser letzten teuersten Strecke nicht sehr viele Wagen und könnte sie auch nicht brauchen. Eine kleine Fahrt am Eiger-Gletscher entlang – und dann nahm uns ein endloser Tunnel auf. Er hörte nicht früher auf als die Bahn selber.

Doch einige Male hielt der Zug. Wir stiegen aus, froren in der Kühle des Tunnels und eilten zu den Querstollen, an deren Schluss große Fenster waren. Wir traten hin und blickten hinaus auf steile, unendlich scheinende Wände, aufs glitzernde Eismeer ... Wer irgendein Wort der Bewunderung rief, tat es nur, um sich's nicht merken zu lassen: wie groß und wie wortlos seine Bewunderung im Grunde war. Dann waren der Tunnel und die Fahrt zu Ende. Station Jungfraujoch! 3500 Meter oder 11 400 Fuß über dem Meeresspiegel.

Das Erste, was an den Tunnel stieß, war ein Restaurant. Ein Lift brachte uns in die letzte Etage und zum Ausgang ins Freie. Eine Minute später standen wir, mit Halbschuhen und Sommerkleidern, im dicksten Schnee. Die Luft glitzerte. Die Eishöhen ringsum schimmerten. Wir waren, wirklich, geblendet.

Wozu gibt es grüne Brillen? Wir setzten sie auf und konnten sehen! Wenn es verzauberte Welten gäbe, müssten sie so aussehen. Tief unter diesen nahen Märchengipfeln aus blitzend weißem Kristall zogen Wolken. Blauer Himmel war über uns. So tröstlich blau wie nirgends sonst. Drüben fuhren Menschen – klein wie Punkte – auf Skiern durch den Sommer. Andere, nur mit Glas erkennbar, mühten sich, angeseilt, um das letzte Stück zu den Gipfeln hinauf. Jubelnde Sportfräuleins rodelten verschneite Abhänge herunter. Die Sonne wärmte.

Wir waren im gefrorenen Paradies.

Knorrige Bergführer traten an uns heran und taten gefährlich. Wir fassten uns aber bei der Hand und stapften, leicht und froh, zur Mathildenspitze hinauf. Dort knatterte eine rote Fahne, mit weißem Kreuz, im Winde. Und wer sich hergewagt hatte, fotografierte. Dann rutschten wir alle ins Hotel hinunter; zum Ansichtskartenkiosk, selbstverständlich. Das Eiswasser schwappte in die Halbschuhe; und die Sonne brannte, als sei man irgendwo am Meeresstrand.

Im Touristenhaus war großer Betrieb. Bergführer erzählten

Witze. Skifahrer kamen von der Tour und säuberten die Hölzer. Am nächsten Tag war ein großes Wintersportfest geplant. Die meisten der Sportsleute hatten im Gesicht den Gletscherbrand. Die Haut zeigte Risse, war abgebrannt, entzündet. Manche sahen aus wie die Clowns.

Wir hatten noch Zeit bis zur Rückfahrt, bestellten Kaffee, setzten uns ans Fenster, nickten uns zu und blickten eine Stunde hinaus. Hinüber zu den Viertausendmetergipfeln, die so herrlich glänzten wie nichts anderes auf der Welt …

Am Abend langten wir wieder in Interlaken an. Der Portier bekam ein Trinkgeld.

Heimkehr aus Italien

Nun ist man also glücklich wieder da.
Der Schlüssel passt noch so wie vor vier Wochen.
Und während man den Turm von Pisa sah,
hat hier inzwischen einer eingebrochen!

Man hat, was man besaß, schon ganz vergessen
und muss sich erst besinnen, was nun fehlt.
Ganz richtig! Porzellan hat man besessen.
Es ist nicht mehr ... Der Kerl hat gut gewählt.

Die alte Geige hat er auch entfernt.
Und etwas Geld, um Unterricht zu nehmen.
Man möchte hoffen, dass er es noch lernt.
Sonst müsste er sich seines Diebstahls schämen.

Hat es denn Sinn, zur Polizei zu gehen?
Die Polizei hat so etwas nicht gern.
Sogar das Licht vergaß er auszudrehen!
Es gibt schon, muss man sagen, feine Herrn!

Pfui, so ein Dieb! Man ist doch kein Baron!
Die Badewanne hat er nicht genommen.
Ach, und die Motten sind im Grammophon!
Wie sind die Tiere bloß hineingekommen?

Das soll der Mensch nun noch Erholung nennen.
Man hatte, als man fuhr, schon keine Lust.
Es ist direkt, als hätte man's gewusst.
Und dieses Rindvieh lässt die Lampen brennen!
Wo es so lange hell bleibt im August …

Die Insel mit der Palme

Nicht weit von der Ostseeküste entfernt liegt mitten im Meer eine ganz, ganz kleine Insel. Früher einmal hat ein Fischer aus Spaß eine Topfpalme zu dem Inselchen hinübergerudert und sie dort in den Sand gepflanzt. Da steht nun die afrikanische Palme im nördlichen Sand und im Strandhafer und ist ein ziemlicher Strunk geworden. Der Anblick könnte einen Hund jammern, wenn's auf der Insel Hunde gäbe. Aber sie ist vollkommen unbewohnt. Erstens besteht sie nur aus Sand, und zweitens ist sie viel zu klein zum Draufwohnen. Wenn man beim Schlafen aus dem Bett rollte, fiele man mitten in die Ostsee. Und nun nimmt die Geschichte ihren Anfang.

Als Emil, der den Tagesdienst hatte, frühzeitig die Haustür öffnete, um Milch und Brötchen hereinzuholen, blieb er wie angewurzelt stehen. Draußen, mitten im Gras, saß Hans Schmauch, der Pikkolo, und wünschte lachend guten Morgen. »Ich habe doch heute meinen freien Tag. Den muss man ausnutzen.«

»Warum hast du denn nicht geklingelt?«

»Bloß nicht! Als Hotelangestellter weiß man, wie ekelhaft es ist, aus dem Bett geklingelt zu werden. Und hier im Gras war es sehr schön und friedlich. Das Barometer steigt.«

Sie gingen in die Küche und kochten Kaffee. Währenddem setzte Emil dem andern den Plan auseinander, den die Detektive am Abend vorher geschmiedet hatten, und sagte, als er damit fertig war: »Ich wiederhole noch einmal die Hauptpunkte. Wir Detektive steigen schon in Graal auf den Dampfer. Byron und Mackie hier in Korlsbüttel. Du erst in Heidekrug. Und Gustav steht mit dem

Motorrad in Warnemünde an der Anlegestelle. Wenn sich Byron sträubt, holt Gustav die Polizei. Wir andern halten den Artisten solange fest.«

Hans Schmauch fand den Plan ausgezeichnet. Sie deckten den Frühstückstisch und weckten die Freunde. Den kleinen Dienstag nannten sie, weil er in Ponys Bett geschlafen hatte, in einem fort ›gnädiges Fräulein‹.

Der Pikkolo klemmte sich eine Serviette unter den Arm und bediente sie mustergültig.

»Schon wie 'n richtiger Ober«, bemerktc Gustav anerkennend. »Bitte, noch ein Glas Milch, Kellner.«

»Sofort, mein Herr«, sagte Hans Schmauch. Er sauste in die Küche, brachte ein Glas Milch, das er auf einem Tablett kunstvoll balancierte, setzte es vor Gustav hin und fragte: »Werden der Herr längere Zeit hierbleiben? Das Wetter verspricht schön zu werden. Und unser Hotel ist ein erstklassig geführtes Haus. Sie werden sich bei uns bestimmt wohlfühlen.«

»Tut mir leid«, meinte Gustav. »Ich muss sofort wieder nach Berlin zurück. Ich habe nämlich meine Frau und meine Kinder gestern in den Kleiderschrank gesperrt und versehentlich den Schlüssel mitgenommen.« [...]

Plötzlich schlug sich Hans Schmauch mit der Hand vor die Stirn. »So etwas von Vergesslichkeit! Ich wollte euch doch zum Segeln abholen! Deswegen bin ich ja so früh aufgestanden. Wisst ihr, was? Wir machen eine richtige große Segelpartie mit Picknick und allen Schikanen. Nachmittags sind wir wieder zurück.«

»Ich bleibe hier«, erklärte Emil. »Ich habe Tagesdienst.«

»Sowas Blödes«, meinte Gustav. »Die Villa trägt keiner fort. Komm mit, du Feuertüte!«

»Wir haben reichlich Platz im Boot«, sagte der Pikkolo. »Eine Kajüte ist auch da.«

Emil blieb bei seinem Entschluss.

»Ich kann übrigens auch nicht mitkommen«, erklärte Dienstag. »Ich muss mit meinen Eltern zu Mittag essen. Sonst qualmt's. Wenn ich nicht zum Essen komme, verbieten sie mir todsicher, nachts hier zu schlafen. Und dann könnte ich die Jagd auf Mister Byron nicht mitmachen. Ich war schon einmal nicht dabei. Damals, als ich am Telefon bleiben musste. Diesmal muss ich dabei sein. Sonst geht die Welt unter.«

Gustav sagte: »Na schön, dann segeln eben nur drei der Herren. Ich bediene den Motor, wenn wir ihn brauchen. Vom Segeln habe ich allerdings keinen Schimmer.«

»Aber ich!«, erwiderte Hans Schmauch. »Ihr braucht nur zu tun, was ich anordne.«

Dann rannten sie in die Küche. Und der Professor gab Fourage aus. Fürs Picknick. Sie packten alles in einen alten Marktkorb: Äpfel, Konserven, Wurst, Brot, Butter, Messer, Gabeln, Teller und Servietten.

Emil, der Tagesdienst, notierte alles genau auf der Bestandsliste.

Gustav übernahm den gefüllten Marktkorb. »Das Zeug trage ich. Mit Esswaren muss man sorgfältig umgehen.«

»Is ja alles halb so wichtig«, sagte Emil und lachte.

»Für Esswaren gilt diese Redensart nicht«, meinte Gustav ernst.

»Ehre, wem Ehre gebührt.«

Dann gingen sie zum Hafen.

»Seid pünktlich zurück!«, rief Emil, als der Motor zu tacken begann. »Wir haben heute noch viel vor.«

»Ahoi!«, brüllte Gustav. Er setzte sich neben die Ruderpinne.

»Er frisst schon wieder einen Apfel«, sagte Dienstag zu Emil. Dann rief auch er: »Ahoi!«

Die Jolle schob sich aus dem Hafen hinaus. Hans Schmauch stand am Mast und heißte das Großsegel vor.

Der Professor setzte seine Baskenmütze auf und winkte zurück. Das Boot glitt am Brückenkopf vorüber. Ins offene Meer hinaus. Es wehte ein leichter Wind.

»Jetzt haben sie den Motor abgestellt«, sagte Dienstag.

Emil nickte, hielt die Hand über die Augen und blickte hinter den Freunden her.

Hans Schmauch setzte das Focksegel. Das Boot glitt nach Nordwesten.

Um die gleiche Zeit saßen unsere Dänemark-Touristen in Kopenhagen auf der Terrasse eines Restaurants, das ›Frascati‹ hieß. Sie frühstückten und freuten sich über das wunderschöne Glockenspiel des Rathausturms. Außerdem bestaunten sie den Appetit ihrer Nachbarn.

»Je kleiner das Land, umso größer der Appetit seiner Bewohner«, erklärte Justizrat Haberland.

Emils Großmutter betrachtete das dänische Ehepaar, das am Nebentisch saß, und sagte: »Es ist ein Wunder. Wenn man bedenkt, was die beiden Leute gefuttert haben, seit wir hier sitzen, so müssten sie eigentlich längst zerplatzt sein.«

Das dänische Ehepaar ließ sich nicht stören. Der Kellner servierte gerade den nächsten Gang. [...]

»Wie mag es jetzt den Jungen gehen?«, fragte Klotilde.

Der Justizrat sagte: »Die sind froh, dass sie uns los sind.«

Klotilde Schlips wollte es nicht glauben.

Aber der Justizrat erklärte: »Das weiß ich nun besser, meine Liebe. Ich war ja selber einmal so 'n Flegel.«

Pony blickte ihn ungläubig an.

Er lachte. »Doch, doch, Pony!«, meinte er. »Es ist zwar schon lange her. Aber manchmal ist mir zumute, als sei's gestern gewesen.« Dann rief er den Kellner, zahlte und trieb zum Aufbruch.

Auf der Westerbroegade stiegen sie in einen Überland-Autobus und fuhren gemeinsam mit reisenden Engländern, Dänen und Franzosen durch die Insel Seeland. Die Straße führte nordwärts. Immer an sauberen Häusern und Gärten vorbei. Und überall blühten rote Kletterrosen. Ein Ort, der besonders hübsch war, hieß Klampenborg. Pony schrieb den Namen rasch in ihr Notizbuch.

Manchmal sahen sie zur Rechten das Meer. Es war aber kein Meer, sondern eine Meerenge, die der Sund heißt. Überseedampfer fuhren auf dem Sund. Mit Musikkapellen.

Und mit einem Mal entdeckte Pony auf der andern Seite des Sundes Land. Sie kam sich vor wie Kolumbus, zupfte den Justizrat aufgeregt am Ärmel und fragte: »Was ist das dort drüben?«

»Das ist Schweden«, sagte Justizrat Haberland.

»Aha«, meinte Pony. Und dann zückte sie ihr Notizbuch und

trug ein: Schwedische Küste gesehen. Justizrat H. ein furchtbar netter Mann.

Das Segelboot ›Kunigunde IV‹ war seit vielen Stunden auf dem Wasser. Noch immer wehte eine leichte Brise. Der Pikkolo hatte dem Professor und Gustav gezeigt, wie man die Segel fiert. Sie hockten auf der Luvseite und gondelten vergnügt durch die Ostsee. Das Picknick hatten sie schon intus. Es war alles in schönster Ordnung. Die Sonne schien freigebig. Der Wind streichelte die braungebrannten Gesichter, als meine er's gut mit der Jugend.

Gustav legte sich in der kleinen Kajüte auf eins der Ruhebetten und träumte, er rase mit seinem Motorrad übers Wasser.

Der Professor saß neben dem Pikkolo, der die Ruderpinne bediente, und schaute ins Meer. Manchmal sah er eine bunt schillernde Qualle vorbeischwimmen. Manchmal einen Fisch.

Plötzlich rief Hans Schmauch: »Was ist denn das?«, und zeigte geradeaus. Vor ihnen lag eine Insel. Sie hielten auf sie zu.

Der Pikkolo meinte: »Das müssen wir uns aus der Nähe betrachten!«

Der Professor sagte: »Es scheint sich um einen Sandhaufen zu handeln. Mit etwas Gras drauf.«

Sie waren schon ganz nahe.

»Eine Palme!«, rief Hans Schmauch. »Mitten in der Ostsee eine Palme! Man sollte es nicht für möglich halten.«

»Sie sieht aus, als hätte sie die Grippe«, stellte der Professor sachlich fest.

 »Es ist eine Fächerpalme.«

Und dann gab es plötzlich einen Ruck!

Hans Schmauch und der Professor fielen von ihren Sitzen.

Gustav richtete sich jäh auf und stieß mit dem Kopf an die Kajütendecke. Er fluchte. Dann kroch er aus der Kajüte heraus und fragte: »Gehen wir vielleicht zufällig unter?«

»Nein«, sagte Schmauch. »Wir sind gestrandet.«

Gustav betrachtete sich die Gegend. »Ihr seid ja Feuertüten! An diesem Sandhaufen konntet ihr wohl nicht vorbeisteuern, was? Wenn's wenigstens noch die Insel Rügen wäre!« Er kletterte aus dem Boot. »Aber mitten in der Ostsee ausgerechnet auf dieser Wochenend-Parzelle aufzulaufen, das ist ja ein tolles Ding!«

»Ich wollte mir bloß die Palme ansehen«, sagte Schmauch ziemlich niedergeschlagen.

»Sieh sie dir nur gründlich an!«, rief Gustav. Er trat an die seltsame Pflanze heran. »Eine Rarität, Herr Naturforscher! Eine Palme mit Topf. Das wäre etwas für Emil, unsern Botaniker!«

Der Professor sah auf die Uhr. »Trödelt euch aus! Wir müssen nach Korlsbüttel zurück.«

Sie stemmten sich also mit vereinten Kräften gegen das Boot und wollten es ins Meer zurückschieben. Sie arbeiteten, bis sie blaurote Köpfe bekamen. Aber das Boot wollte nicht. Es rührte sich nicht von der Stelle. Nicht einen Zentimeter!

Gustav zog Schuhe und Strümpfe aus und stieg ins Wasser. »Los!«, kommandierte er. »Alle Mann, hau ruck! Hau ruck!« Plötzlich rutschte er auf dem schmierigen Gras und Moos, das unter Wasser wuchs, aus und verschwand für längere Zeit unter dem Meeresspiegel.

Als er wieder auftauchte, spuckte er zunächst einmal einen Liter Salzwasser aus. Dann rief er wütend: »So eine Schweinerei!« Dann zog er den pitschnassen Trainingsanzug aus und hängte ihn ärgerlich zum Trocknen auf den Palmenstrunk.

»Siehst du«, sagte der Professor. »Nun ist die Topfpflanze doch noch zu etwas nütze.«

Sie machten sich wieder über das Boot her und arbeiteten eine halbe Stunde wie die Möbelräumer, wenn sie Klaviere aufheben.

Aber das Segelboot war kein Klavier. Es blieb unveränderlich liegen, wo es lag.

»So ein Biest«, murmelte der kleine Schmauch. »Los, Leute! Hau ruck! Hau ruck!«

Umsonst! Alle Liebesmühe war vergeblich. Sie setzten sich müde in den Sand und verschnauften. »Das kann ja heiter werden«, sagte Gustav. »Was machen wir bloß, wenn wir unsern Dampfer nicht flottkriegen?«

Schmauch legte sich hintenüber und schloss die Augen. »Wir holen die Segel ein und werden ein kleines Inselvolk. Ein Glück, dass wir Konserven mitgenommen haben.«

Gustav erhob sich und prüfte, ob sein Anzug schon trockener geworden war. Er wrang ihn aus und sagte: »Nun steht ja unsrer selbständigen Entwicklung überhaupt nichts mehr im Wege. Nicht mal 'n Telefon oder 'n Briefkasten ist hier. Die reinsten Robinsöne!«

Der Professor schlug mit der Faust in den Sand. »Wir müssen zurück!«, rief er. »Wir müssen! Sonst rückt uns Mister Byron aus!«

Gustav blickte sich um. Es gab nichts als Meer und Wolken. Er lachte böse: »Wir können ja zu Fuß gehen, Professor!«

Es war gegen Abend. Die Dämmerung war nicht mehr weit. Die Sonne ging hinter einer Wolke unter und überschwemmte die anderen Wolken und die See mit unendlich viel Rosa.

Emil und der kleine Dienstag standen seit über einer Stunde auf der Korlsbüttler Brücke und warteten ungeduldig auf ihre Freunde. Emil hatte für sie Stullen zurechtgemacht. Dienstag trug das Paket. Er war kolossal munter und freute sich wie ein Schneekönig auf die kommenden Ereignisse.

Segelboote in allen Größen bogen in den Hafen ein. Doch das Boot, auf das sie warteten, kam und kam nicht.

»Das sind sie!«, rief Dienstag und zeigte auf ein Boot, das sich der Brücke näherte.

Aber sie waren es nicht.

Emil sagte: »Verstehst du das? Hoffentlich ist ihnen nichts passiert.«

»Was soll ihnen denn passiert sein? Es war doch kein Sturm und überhaupt nichts. Sie werden zu weit hinausgesegelt sein. Und die Heimfahrt dauert länger, als sie gedacht haben.«

Emil brüllte einem heimkehrenden Boot entgegen: »Haben Sie draußen ›Kunigunde IV‹ gesehen?«

Der Mann am Steuer rief: »Nee, wir sind unterwegs überhaupt keinem Mädchen begegnet!« Die andern im Boot lachten laut.

»So ein Dussel«, meinte Dienstag.

Und Emil sagte: »Wir warten noch eine halbe Stunde. Wenn sie dann noch nicht hier sind, müssen wir zu Fuß nach Graal pilgern statt auf Gustavs Motorrad.«

Sie warteten.

Dann holte Emil einen Zettel aus der Tasche und schrieb: »Wir sind ohne euch nach Graal. Beeilt Euch gefälligst und seid rechtzeitig in Heidekrug und Warnemünde!«

»Moment, Kleiner«, sagte er anschließend und rannte zum Hafen hinunter. An der Anlegestelle von ›Kunigunde IV‹ befestigte er den Zettel so, dass man ihn beim Landen sofort sehen musste. Er pickte ihn mit einer Stecknadel an einen Pfahl. (Stecknadeln hatte er seit seinem Erlebnis mit Herrn Grundeis immer bei sich.)

Er rannte zum kleinen Dienstag zurück. »Immer noch nichts?«

»Immer noch nichts.«

»Solche Vagabunden«, sagte Emil. »Na, das kann nun alles nichts helfen. Da wollen wir mal die Beine unter die Arme nehmen!«

Und so trabten sie nach Graal hinüber. [...]

Um dieselbe Zeit blickte, auf einer Insel draußen im Meer, der Professor auf die Uhr.

»Jetzt fährt der Dampfer in Graal ab«, sagte er. »Es ist zum Verrücktwerden.«

Hans Schmauch, der neben der Palme hockte, hatte Tränen in den Augen. »Ich bin an allem schuld. Könnt ihr mir verzeihen?«

»Quatsch keine Opern«, meinte Gustav. »Meine Herren, im Leid zeigt sich erst die wahre Größe! Außerdem wird Emil diesen Mister Pachulke auch ohne unsere gütige Mitwirkung zur Strecke bringen. Emil und Dienstag sind ja nicht auf den Kopf gefallen.«

Der Professor sagte: »Sie können die Jagd ohne uns nicht durchführen. Emil und Dienstag, das sind viel zu wenig Detektive! Dazu kommt, dass sie natürlich noch immer in Korlsbüttel am Hafen stehen und auf uns warten. Vielleicht alarmieren sie gerade jetzt die Hafenpolizei, weil unser Boot noch nicht zurück ist.«

Gustav war anderer Meinung. »Wozu soll Emil die Polizei alarmieren? Was kann uns hier schon geschehen? Wir schlafen in der Kajüte. Zu essen haben wir auch genug. Na, und morgen wird schon irgendwann ein Fischerboot oder ein Dampfer an dieser blödsinnigen Insel vorbeikommen.«

»Du redest, wie du's verstehst«, entgegnete der Professor. »Woher soll denn Emil wissen, dass wir auf dieser Insel sitzen? Das kann er doch nicht riechen!«

Gustav war völlig verblüfft. »Richtig! Natürlich weiß er das nicht. Entschuldigt, bitte. Ich bin manchmal entsetzlich dämlich.«

Der Pikkolo sagte traurig: »Emil denkt sicher, dass wir gekentert sind. Und dass wir uns nur noch mühsam am Bootskiel anklammern. Und dass wir am Ersaufen sind.« Er putzte sich gerührt die Nase. »Und morgen früh kommt mein Onkel aus Schweden zurück.«

»Mensch, gibt das Ohrfeigen!«, meinte Gustav nachdenklich. »Vielleicht sollten wir lieber für den Rest unseres Lebens auf der Insel bleiben? Wie? Vom Fischfang könnten wir uns leidlich ernähren. Glaubt ihr nicht? Aus den Segeln könnten wir ein Nomadenzelt bauen. Und vielleicht gibt's auf diesem idiotischen Archipel Feuersteine. Dann angeln wir Treibholz, trocknen es, zünden es an und braten Fische. Früh, mittags und abends. Was haltet ihr von meinem Vorschlag?«

»Er ist deiner würdig«, sagte der Professor ironisch. »Vielleicht wachsen eines Tages auf der Palme Kokosnüsse. In den Nussschalen braten wir Möweneier. Und die Kokosmilch gießen wir in den Frühstückskaffee.«

»Haben wir denn Kaffee?«, fragte Gustav erstaunt.

»Nein, aber du hast einen Klaps!«, rief der Professor. »Hans, wie lange reicht das Trinkwasser?«

»Wenn wir sparsam sind, ungefähr einen Tag«, antwortete der Pikkolo.

»Wir werden noch sparsamer sein!«, erklärte der Professor streng. »Es muss zwei Tage reichen. Hoffentlich regnet's morgen. Dann stellen wir leere Konservenbüchsen auf und sammeln Regenwasser.«

»Großartig!«, rief Gustav. »Professor, du bist immer noch der alte Stratege.«

»Und die Essvorräte schließ ich ein«, sagte der Professor. »Ich übernehme die Verteilung.«

Gustav hielt sich die Ohren zu. »Bitte, redet nicht immer vom Essen«, bat er. »Sonst kriege ich sofort Hunger.«

Der Professor trat ans Ufer und blickte übers Meer.

Gustav stieß den Pikkolo in die Rippen und fragte leise: »Weißt du, wie er dasteht?«

»Nein.«

»Wie Napoleon auf Sankt Helena«, flüsterte Gustav und kicherte. [...]

Während Gustav, der Professor und ein Pikkolo in einem gestrandeten Segelboot schliefen, während sich Kapitän Schmauch in der Kajüte seines Handelsschiffes, das auf der Ostsee schwamm, einen Glühwein genehmigte und während Emil und Dienstag auf der finsteren Chaussee nach Markgrafenheide pilgerten, saßen unsre Dänemark-Touristen in ihrem Kopenhagener Hotel, gegenüber der Oper, und aßen vergnügt zu Abend. Die Autobusfahrt durch Seeland, die Besichtigung von Hamlets Grab und von der Festung Helsingör hatten sie hungrig gemacht. Sie aßen, unterhielten sich und lachten.

Nur Frau Haberland, die Mutter des Professors, war noch stiller als gewöhnlich. Sie lächelte auch nicht, wie sie's sonst tat.

»Was hast du denn?«, fragte der Justizrat. »Kopfschmerzen?«

»Ich weiß nicht, was es ist. Aber ich habe Angst. Ich habe das Gefühl, als ob in Korlsbüttel nicht alles so wäre, wie es sein soll.« Der Justizrat legte den Arm um ihre Schultern. »Aber, aber! Du hast fixe Ideen, meine Liebe. Immer, wenn wir unterwegs sind, glaubst du, dem Jungen fällt in jedem Moment ein Ziegelstein auf den Kopf.« Er lachte. »Die Jungens schwärmen für selbständige Entwicklung. Da darf man sie nicht stören. Sonst werden sie bockig. Na, Muttchen, nun sei mal wieder fröhlich!«

Sie lächelte. Aber nur, um ihm einen Gefallen zu tun. […]

Am Mittwoch, zeitig in der Frühe, landete Kapitän Schmauch wieder in Korlsbüttel. Die Hafenarbeiter, welche die Ladung löschen sollten, standen schon am Kai. Der Kapitän erledigte die üblichen Formalitäten mit dem Zollbeamten. Dann ging er an Land. Ihm war kühl, und er spazierte zum Strandhotel hinauf, um einen heißen Kaffee zu trinken.

Kaum war der Kellner verschwunden, erschien der Wirt hastig, begrüßte den Kapitän und fragte: »Haben Sie eine Ahnung, wo Ihr Neffe steckt?«

Der Kapitän lachte sehr: »Immer gut aufgelegt, was? Schicken Sie mir den Bengel einmal her. Ich möchte ihm guten Morgen wünschen.«

»Aber er ist doch nicht hier! Er hatte gestern seinen freien Tag und ist seitdem nicht wiedergekommen. Seit gestern Abend sind übrigens auch Mister Byron und einer seiner Zwillinge spurlos verschwunden. Nichts wie Scherereien hat man!«

Der Kapitän sprang auf. »Bestellen Sie den Kaffee ab!«, rief er. Dann rannte er, so schnell ihn seine alten Seemannsbeine trugen, zum Jachthafen. Sein Segelboot lag nicht da! Ihm wurden die Knie schwach. Er blickte sich hilfesuchend um. Da sah er an einem der Anlegepflöcke einen Zettel hängen.

Er kniete hin, riss den Zettel ab und las ihn durch. Es war Emils Notiz vom vorigen Abend.

Der Kapitän erhob sich mühsam und lief schwer atmend in den Ort hinein. Endlich stand er vor der Villa Seeseite. Er riss das Gartentor auf und klinkte an der Haustür. Sie war verschlossen. Er rannte um das Haus herum und blickte durch das Verandafenster.

In einem Stuhl am Tisch saß Emil Tischbein. Er hatte die Arme und den Kopf auf die Tischplatte gelegt und schlief.

Auf dem Sofa an der Wand lag der kleine Dienstag und schlief auch. Er war in eine Kamelhaardecke eingewickelt und aus dem Sofakissen schaute nur der Schopf heraus.

Die Verandatür war auch verschlossen. Der Kapitän trommelte mit den Fingern gegen die Scheibe. Erst leise. Aber die Jungen wachten nicht auf. Er klopfte stärker und immer stärker.

 Schließlich blickte Emil hoch. Erst ganz verschlafen. Doch plötzlich kam Leben in seine Augen. Er sah sich erstaunt in der Veranda um, schien sich an vieles zu erinnern, fuhr sich durch das verstrubbelte Haar, sprang hoch und schloss die Tür auf.

»Wo ist Hans?«, rief der Kapitän.

Emil erzählte schnell alles, was er wusste. Zum Schluss sagte er: »Wir kamen erst mitten in der Nacht aus Warnemünde zurück. Dienstag wachte überhaupt nicht auf. Ich hob ihn von dem Fuhrwerk herunter, schleppte ihn hierher auf das Sofa und deckte ihn zu. Ich setzte mich in den Stuhl und wollte warten, bis der Morgen käme. Dann wollte ich die Hafenpolizei alarmieren. Und dann wollte ich Jackie auf das, was geschehen ist, vorbereiten und ihm als ersten Trost die fünfzig Mark geben. Und wenn das Segelboot nicht gefunden würde, wollte ich nach Kopenhagen telegrafieren. Ins Hotel d'Angleterre.« Er zuckte die Achseln. »Aber ich muss dann plötzlich eingeschlafen sein. Entschuldigen Sie vielmals, Herr Kapitän. Was werden Sie jetzt tun?«

Der alte Kapitän Schmauch ging zur Tür. »Ich werde alle Motorboote auftreiben, die verfügbar sind! Wir müssen die See absuchen. Wecke deinen Freund! Und kommt zum Hafen hinunter!« Er lief eilig weg.

Emil trat ans Sofa und rüttelte Dienstag wach. Sie putzten sich rasch die Zähne, wuschen sich flüchtig, schnürten das Stullenpaket auf, das Dienstag den ganzen vorigen Tag mit sich herumgeschleppt hatte, und rannten kauend aus dem Haus.

An der Wegkreuzung blieb Emil stehen. »Kleiner, laufe zum Hafen hinunter! Vielleicht kannst du dem Kapitän nützlich sein. Ich wecke Jackie und bringe ihn mit.« Er trabte zur Düne.

Eine halbe Stunde später verließen zweiundzwanzig Fischkutter, fünf Segeljachten und sieben Motorboote den Korlsbüttler Hafen. Hinter dem Brückenkopf fuhren sie in Fächerform auseinander. Es war vereinbart worden, dass die benachbarten Fahrzeuge einander nicht aus den Augen verlieren sollten. Dadurch hoffte man, nichts, was irgendwie auffällig wäre, zu übersehen.

Kapitän Schmauch stand am Ruder des Motorbootes ›Argus‹. Der Besitzer, ein Fabrikant, hatte es ihm zur Verfügung gestellt. Emil, Dienstag und Jackie knieten auf den Bänken und blickten aufmerksam über die Wellen. Manchmal lag das Boot so schief, dass den Jungen das Salzwasser ins Gesicht klatschte.

Jackie sagte: »Ich glaube fast, ich habe mich noch gar nicht bei euch bedankt. Das lag am Schreck. Der erste Schreck ist immer der beste. Also, habt heißen Dank. Auch für das Geld.« Er drückte ihnen die Hand. »So, und nun will ich mich mal um den alten Onkel kümmern. Dem ist viel mulmiger zumute als mir.«

Er trat neben den Kapitän und nickte ihm munter zu. »Machen Sie sich keine Sorgen, Käpten«, meinte er. »Es ist bestimmt nichts Schlimmes passiert. So etwas fühle ich. Ich habe nämlich die vierte Dimension.«

Der Kapitän blickte steif geradeaus.

Jackie sah sich um. Links draußen stampfte ein dunkler Fischkutter durch die Wellen und ganz rechts eine schlohweiße Jacht. »Eine Frage, Käpten. Gibt's hier irgendwo Sandbänke? Oder kleine Inseln oder so was Ähnliches?«

Der alte Seemann ließ für eine Sekunde das Ruder los. Sie trudelten wie ein Kreisel durch die Wellen. Dann griff der Kapitän wieder fester zu. Noch fester als früher. »Junge!«, rief er außer sich. »Das ist eine Idee! Wenn du recht hättest!« Mehr sagte er nicht.

Aber er änderte den Kurs.

Die drei Robinsöne waren sehr, sehr zeitig aufgewacht. Sie hatten wie die Schneider gefroren, waren aus der Kajüte geklettert und hatten Freiübungen gemacht, bis die Sonne höher stieg.

Dann hatten sie ein paar Schluck Wasser getrunken und Konserven gefrühstückt. Nun standen die geleerten Konservenbüchsen mit offenen Mäulern im Sand und warteten auf Regenwasser. Doch es regnete nicht. Im Gegenteil. Der Himmel war blau wie seit Tagen nicht.

»Ich hätte nie für möglich gehalten«, erklärte Gustav, »dass mich schönes Wetter so maßlos ärgern könnte. Man lernt nie aus.«

Der Professor war böse. »Wenn wir keine Konservenbüchsen hätten, regnete es jetzt in Strömen. Das ist immer so.«

»Trotzdem hat alles sein Gutes«, entgegnete Gustav. »Stell dir vor, du hättest deinen Aufsatz über das interessanteste Ferienerlebnis neulich schon geschrieben! Nicht auszudenken! Du könntest das Heft glatt ins Feuer schmeißen.«

»Es erscheint mir fraglich, ob wir in unserm Leben überhaupt noch einmal Aufsätze schreiben werden«, sagte der Professor melancholisch.

Gustav rief: »Wenn's weiter nichts wäre! Das könnte ich notfalls verschmerzen. Aber der Gedanke, dass ich mein Motorrad nicht wiedersehen soll, könnte mich weich stimmen.« Er pfiff vor sich hin.

Hans Schmauch zog sein weißes Hemd aus und hisste es an der Flaggleine hoch. »Vielleicht findet man uns dann leichter«, meinte er.

Später versuchten sie es noch einmal, die ›Kunigunde‹ flottzukriegen. Sie wankte und wich nicht.

»Das Luder hat über Nacht Wurzeln geschlagen«, sagte der Pikkolo.

»Es hat keinen Zweck.« Als sie wieder im Sand hockten, erklärte er: »Jetzt hört mich einmal an! Ich bin an dem Malheur schuld. Das Trinkwasser reicht bis morgen früh. Wenn wir bis heute Nachmittag nicht aufgestöbert werden, schnalle ich mir eine der Schwimmwesten um, die im Bootskasten liegen, und versuche hinüberzuschwimmen. Vielleicht erwische ich schon unterwegs ein Fischerboot oder einen Dampfer.«

»Ausgeschlossen!«, rief Gustav. »Wenn einer von uns losschwimmt, dann selbstverständlich nur ich!«

»Ich habe die Sache eingerührt«, erklärte der Pikkolo. »Ich löffle sie aus.«

»Darauf kommt's überhaupt nicht an«, sagte Gustav. »Schwimmen wird der, der am besten schwimmt. Verstanden?«

»Also ich!«, meinte der Pikkolo.

»Nein, ich!«, entgegnete Gustav.

»Ich schwimme!«

»Nein, ich.«

Sie sprangen auf. Sie wollten aufeinander losgehen.

Da warf der Professor jedem eine Handvoll Sand ins Gesicht. Sie spuckten fürchterlich und wischten sich die Augen sauber. »Ihr seid wohl vollkommen übergeschnappt?«, fragte der Professor ruhig. »Legt euch lieber hin und schlaft ein paar Stunden. Dann vergesst ihr Essen und Trinken. Und dann reichen die Vorräte länger.«

Sie legten sich folgsam in den Sand und schlossen die Augen.

Der Professor setzte sich ins Boot, lehnte sich gegen den Mast und überwachte den Horizont.

Das Motorboot ›Argus‹ stampfte unbeirrbar durch die Wellen. Manchmal, wenn die Jungen sich festzuhalten vergaßen, purzelten sie von ihrer Bank quer durchs Boot auf die andere Seite. Dienstag hatte bereits eine Beule auf der Stirn. Kapitän Schmauch stand wie ein Denkmal am Steuer. Sie folgten seinem Blick über die Wasserwüste. »Dort!«, rief er plötzlich und zeigte in die Ferne. Aber sie sahen nichts.

»Eine weiße Flagge!«, rief er begeistert. »Das sind sie!« Er nickte Jackie zu. »Deine Frage vorhin war Gold wert, mein Junge.«

»Was denn für eine Frage, Käpten?«

»Ob es hier Inseln gäbe«, erwiderte er. »Die Kerls sind auf der Insel mit der Palme festgefahren. Na, die können ja was von mir erleben!«

Die Jungen drängten sich um ihn. Jackie meinte: »Ich hab's ja gleich gewusst, dass nichts Schlimmes passiert ist.« Der Kapitän lachte erleichtert. »Richtig. Du hast ja die vierte Dimension!«

Emil rief: »Jetzt seh ich auch etwas Weißes! Und einen Mast!«

Jackie schrie: »Ich auch!«

Dienstag sah immer noch nichts. Als ihm Emil beim Suchen helfen wollte, bemerkte er, dass sein Freund weinte. Die Tränen liefen ihm über die braungebrannten Backen.

»Was hast du denn, Kleiner?«

»Ich bin so scheußlich froh«, flüsterte Dienstag. »Du brauchst es Gustav und dem Professor aber nicht zu erzählen, dass ich ihretwegen geheult habe. Sonst bilden sie sich auch noch was drauf ein, diese blöden Feuertüten!« Er lachte unter Tränen.

Emil versprach zu schweigen.

»Drei Gestalten sind's!«, rief der Kapitän. »Und meine ›Kunigunde‹ ist's auch. Na, wartet nur, ihr Brüder! Wenn ich euch erwische!«

Gustav und der Pikkolo sprangen wie die Buschneger auf der kleinen Insel hin und her. Sie winkten und johlten.

Der Professor rührte sich nicht vom Fleck und zeichnete mit dem Finger Figuren in den Sand. Später erhob er sich, las die leeren Konservenbüchsen auf und warf eine nach der andern nachdenklich ins Wasser.

Der Pikkolo kletterte auf das Segelboot, holte sein Hemd, die weiße Flagge, wieder ein und zog es rasch an.

Da schoss auch schon das Motorboot durch den Gischt. Der Motor setzte aus. Der Kapitän warf ein Tau durch die Luft. Hans Schmauch fing es geschickt auf und knotete es am Heck des Segelbootes fest. Nun lagen die zwei Fahrzeuge dicht nebeneinander.

»Hurra, ihr Feuertüten!«, rief Gustav.

Kapitän Schmauch sprang als Erster vom ›Argus‹ auf die ›Kunigunde IV‹.

Sein Neffe trat vor ihn hin und sagte: »Onkel, ich bin an allem schuld!«

Der Kapitän gab ihm eine Ohrfeige, dass es nur so knallte, und rief: »Gott sei Dank, dass ihr gesund seid!«

Die Heimkehr der umfangreichen Rettungsflottille und die Ankunft der Schiffbrüchigen gestaltete sich zu einem kleinen Volksfest. Auf der Seebrücke, an den Hafenkais und sogar in den Zugangsstraßen standen die Einheimischen und die Kurgäste dicht gedrängt und winkten. Es war um die Mittagszeit. Und in etwa zwanzig Küchen brannte mittlerweile das Essen an.

Kapitän Schmauch schickte die Jungen auf einem Umweg ins Strandhotel. Er selber ging mit den Fischern und Schiffern, die bei der Suche geholfen hatten, in den Dorfkrug. Dort spendierte er zwei Fass Bier und zwei Lagen Köm. Nachdem er seinen Freibiergästen Bescheid getan und sich bei ihnen bedankt hatte, stiefelte er stracks ins Strandhotel und bestellte für sich und die Jungens ein herzhaftes Mittagessen.

Sie setzten sich, um unter sich zu sein, ins ›Zimmer für kleine Vereine‹ und futterten wie die Scheunendrescher. Währenddem berichteten sie einander ausführlich, was sie erlebt hatten. Hans Schmauch saß, obwohl er doch eigentlich im Hotel Pikkolo war, an der Mittagstafel neben den andern und wurde vom Kellner Schmidt, seinem unmittelbaren Vorgesetzten, aufs zuvorkommendste bedient.

Als Nachtisch gab es Schokoladenpudding mit Vanillesoße.

»Ich möchte vorschlagen«, sagte der Kapitän, »dass wir über die

Robinsonade, die einigen unter euch zugestoßen ist, den Schnabel halten. Morgen kommen eure Erwachsenen aus Dänemark zurück. Sie brauchen von dem kleinen Zwischenfall kein Wort zu erfahren. Sollte sich die Sache nicht verheimlichen lassen, so möchte ich die Anwesenden bitten, alles auf mich zu schieben. Ich bringe es dann schon in Ordnung.«

Emil und der Professor sprangen auf.

Der Kapitän winkte ab. »Ich weiß schon, was ihr sagen wollt. Ihr seid natürlich stolz und wollt eure Schulden selber bezahlen.« Er schüttelte den Kopf. »Es genügt, dass ich Bauchschmerzen gekriegt habe! Schont die Erwachsenen! Wir Großen haben schwache Nerven!«

Hurra, Ferien!

Die Sonne scheint.
Die Tochter weint.
Die Mutter meint:
»Wenn ich den Kerl erwische!«
Sie ist gekränkt.
Der Vater senkt
den Kopf und denkt:
»Brr! Sommerfrische …«

Der Strand ist groß.
Man sieht Trikots.
Und sieht Popos
(zum Teil verführerische).
Es starrt der Mann
die Gattin an
und flüstert dann:
»Brrr! Sommerfrische …«

Man hat viel Zeit.
Berlin ist weit.
Die Tante schreit:
»Wann gehen wir zu Tische?«
Der Hunger quält.
Die Mutter zählt.
Das Jüngste fehlt.
Brrrr! Sommerfrische …

Das Kurhaus ragt.
Die Mücke plagt.
Klein-Siegfried fragt:
»Gibt's in der Ostsee Fische?«
Die See liegt glatt.
Der Vater hat
die See so satt!
Brrrrr! Sommerfrische …

Gedanken eines Hotelgastes

Hoteliers und Hotelangestellte sind, kraft ihrer Erfahrungen, glänzende Psychologen, unterscheiden sich aber von anderen Menschenkennern, wie etwa Richtern und Ärzten, dadurch, dass sie von ihrer Fähigkeit nicht den geringsten Gebrauch machen. Sie haben ausnehmend scharfe Augen, halten aber die Hände vors Gesicht und sehen durch die Finger. Sie verbeugen sich vor dem Anschein, und sie müssen das tun. Alles andere wäre berufliches Harakiri.

Solange Lehmanns aus Wuppertal, vortreffliche Gäste, Herrn Stransky, weil er es behauptet, für einen Grafen halten und darauf stolz sind, muss es dem Hotel recht sein. Erst wenn Frau Lehmann, nach dem Silvesterball, ihre Perlenkette vermisst, kann die Direktion ihr besseres Wissen praktizieren.

*

Die Trinkgelder haben verschiedenen Kurs. Millionären, die keine Trinkgelder geben, wird mit höchstem Respekt begegnet. Ärmliche Gäste müssen, obwohl sie ihre Rechnungen pünktlich begleichen, beträchtliche Trinkgelder austeilen, wenn sie auch nur mit Nachsicht behandelt werden wollen. Der Kurs steht im umgekehrten Verhältnis zum vermutbaren Vermögen. Millionäre, die große Trinkgelder geben, hält das Personal für lukrative Trottel.

Ein Etagenkellner, der versehentlich in ein nicht abgeriegeltes Badezimmer gerät, eine Dame in der Wanne erblickt und sich mit den Worten »Verzeihung, mein Herr!« zurückziehen will, handelt korrekt. Sollte jedoch die Dame das Bedürfnis haben, den offensichtlichen Irrtum zu berichtigen, wäre es nur korrekt, wenn der Kellner bliebe. (Dieser zweite Fall wird nie vorkommen, und er wurde nur aus Gründen der theoretischen Redlichkeit und Vollständigkeit angeführt.)

Leider gibt es zuweilen Hotelangestellte, die ihrem Berufsethos strikt zuwiderhandeln. Sie wenden ihre Menschenkenntnis tatsächlich an und verhalten sich den Gästen gegenüber, wie diese es verdienen, ohne zu berücksichtigen, wie viel sie verdienen. Sie behandeln nette Menschen, ein besonders krasses Beispiel, rücksichtslos nett. Das sind hotelfremde, geradezu perverse Neigungen, und dergleichen hat sich noch immer gerächt. Glücklicherweise kommen solche Fälle nur ganz selten vor. Das Hotelgewerbe ist ohnedies voller Risiken.

*

Auf einem anderen Blatt steht die vorgetäuschte Zuneigung, die Prof. Dr. Ellis Wirtensohn (Cambridge, USA) in seinem »Leitfaden für werdende Hotelfachleute« unter der Überschrift »Die arrangierte Sympathie und ihr Nutzeffekt« (deutsche Ausgabe Badgastein, 1949) abhandelt. Er empfiehlt sie »Philosophen und ähnlich zerstreuten Gästen gegenüber« aufs wärmste.

So probat das Rezept sein mag, es hilft nicht immer. Schon Litaipe soll in Nizza einem Barkeeper gesagt haben: »Ich möchte Sie bitten, mich weniger zu lieben und dafür besser einzuschenken.« (Ges. Werke, Teubner, Leipzig, Bd. 3, S. 94.)

*

Ein nur scheinbar nebensächliches Phänomen, das noch niemand untersucht hat, ist das sogenannte »Kleiderbügelrätsel«. In keinem Hotelzimmerschrank, und sei er noch so komfortabel, womöglich aus Mahagoni oder gar aus dem Holz des indischen Schleiflackbaumes gefügt, hängen mehr als vier Kleiderbügel. Überdies sind es, jedes Mal, Bügel, die längst versunkenen Kulturepochen entstammen. Wie sie sich in die Luxushotels der Gegenwart herübergerettet haben, ist vollkommen rätselhaft.

Herbeigezogene Sachverständige, also Stubenmädchen und Hausdiener, behaupten einmütig, fast jeder Gast nähme, wenn er abreiste, mindestens ein halbes Dutzend Kleiderbügel mit, und nur die ältesten Modelle blieben hängen. Eine solche Erklärung widerspricht dem gesunden Menschenverstand. Außerdem hat eine statistische Umfrage des Instituts für Demoskopie einwandfrei ergeben, dass die Behauptung nicht stimmt. Wirtensohn (a. a. O.) äußert sich zu dem prekären Thema nicht. Er scheint wenig zu reisen.

Einem Altertumsforscher blieb es vorbehalten, sich mit dem Kleiderbügel der Neuzeit zu befassen. Prof. Dr. Toni Studnitzka stellt in seinem Werke »Der keltische Hausrat in der Eisenzeit, unter besonderer Berücksichtigung der Latène-Funde« schlüssig fest, dass es in jener Epoche noch keine Kleiderbügel gegeben haben kann.

»Denn sonst«, so schreibt er, »müssten sich in den Schränken unserer Hotels noch einige Exemplare erhalten haben. Der historisch älteste Kleiderbügel, den eine internationale Studienkommission in einem erstklassigen Hotel in Lyon entdeckte, stammt aus dem Gallischen Krieg. Die damaligen Reisenden müssen sehr klein und schmalschultrig gewesen sein. Für heutige Gäste eignet sich der Bügel jedenfalls nicht.«

Fahrt nach Kassel

Brief an Luiselotte Enderle

Frankfurt a. M./Kassel 24./25. 5. 1968

Liebe Lotte, [...]
Meine große Aktentasche habe ich in einem Schließfach deponiert. Ganz einfach. Man schiebt die Tasche in ein offenes Fach, klappt die Tür zu, wirft 50 Pfennige ein und zieht den Schlüssel ab. Denkste. *Mein* Schlüssel ging *nicht* raus. Ich bat einen Beamten um Hilfe. Dieser nahm den Apparat auseinander und meinte, das komme fast nie vor.

Nun bin ich very curious, ob die Sache beim Aufschließen klappt. Darüber schreibe ich Dir aus dem Schlosshotel in Kassel. Falls der Zug fährt, und falls nicht Kassel und das Hotel, um mich zu ärgern, abgebrannt sind. So long.

Kassel, gegen Abend

Das Schließfach funktionierte. Der D-Zug hatte Speisewagen. Kassel stand noch. Das Hotel samt Parkbäumen und ruhiger Lage dito. Nun habe ich erst einmal Zeit zum Verschnaufen. Die Fahrt im Zug war bildhübsch. Hügellandschaft. Ginster in voller Blüte. Blühende Erdbeerbeete. Wenn mir mal jemand ein Auto schenken will, werde ich ihm sagen: »Schenken Sie mir lieber einen D-Zug!«

Bilanz per Zufall

Er hatte Geld. Er trank und aß
in dem Hotel, in dem er saß,
vom Teuersten und Besten.
Er war vergnügt und trank und aß
und winkte mit erhobnem Glas
den Kellnern und den Gästen.

Der Blumenfrau, die bei ihm stand,
nahm er die Blumen aus der Hand
und zahlte mit zwei Scheinen.
Die Rosen waren rot und kühl.
Er gab ihr dreißig Mark zu viel.
Da fing sie an zu weinen.

Die Hauskapelle, sechs Mann stark,
erhielt von ihm zweihundert Mark.
Sie konnte kaum noch spielen.
Er gab den Boys und Pikkolos,
den Fräuleins und den Gigolos.
Er gab, ohne zu zielen.

Die Rechnung sah er gar nicht an.
Er warf paar Scheine hin, und dann
verließ er jene Halle.
Bewundernd gingen, Schritt um Schritt,
die Tänzer, Boys und Kellner mit.
So liebten sie ihn alle!

Er freute sich und sprach: »Schon gut«
und nahm den Mantel und den Hut.
Da rief die Garderobiere:
»Ich kriege dreißig Pfennig für
die Kleider-Aufbewahrung hier!
Nicht zahlen, wie? Das wäre!«

Da blieb er stehn. Da lachte er
und suchte Geld und fand keins mehr
und konnte ihr nichts geben.
Die Blumenfrau, die Gigolos,
die Kellner, Boys und Pikkolos,
die standen fremd daneben.

Er blickte sich, fast bittend, um.
Die andern standen steif und stumm,
als sei er nicht mehr da.
Da zog er schnell den Mantel aus,
gab ihn der Frau, trat aus dem Haus
und dachte nur: Na ja.

Die Ewigkeit in Zahlen

Auf einem Spaziergang, der mich in die bergige Umgebung eines Tiroler Städtchens führte, sah ich eines jener Marterl stehen, die man hier häufig findet und die der Erinnerung an unterwegs tödlich Verunglückte dienen. Es lohnt sich fast ausnahmslos, die Inschriften dieser Marterl zu entziffern. Sie sind nicht nur fromm, sondern auch volkstümlich. Und der volkstümliche Gehalt der Nachrufe ist es, der Interesse beansprucht.

Auf diesem Marterl war nun zu lesen, dass an dieser Stelle des Wegs im Jahre 1921 ein gewisser Josef Praxmaier beim Holzfahren verunglückt und anschließend verstorben sei. Seiner Seele wurde alles erdenklich Gute gewünscht. Vorübergehende wurden ersucht, stehenzubleiben und für den Sepp Praxmaier ein Gebet zu sprechen. An diese schriftliche Aufforderung schlossen sich ein paar Verse. Ich habe sie mir gemerkt und möchte sie mitteilen. Man solle also für Praxmaier beten, hieß es, und dann erklärte die Inschrift weiter:

»Es ist nicht weit
zur Ewigkeit.
Um 6 Uhr ging er fort.
Um 8 Uhr war er dort.«

Ist das nicht schön? Nun weiß es der Wanderer endgültig. Zwei Stunden braucht man bis zur Ewigkeit! Und wenn man um sechs Uhr aufbricht, trifft man Punkt acht Uhr ein.

Ich stand vor diesem rührend komischen Fahrplan und lächelte. Ich lachte beileibe nicht. Aber ich lächelte. Mein Spaziergang dauerte noch lange. Er führte mich durch einen Wald, auf einen Berg und schließlich wieder in das Tiroler Städtchen zurück.

Und ich muss bekennen, dass mein Lächeln länger dauerte, als man von dem Berg draußen vor der Stadt bis Ewigkeit braucht.

Rätselraten in Davos

In Davos-Platz, der Endstation der Rhätischen Bahn, verließen die beiden den Zug.

Ganze Rudel sonnengebräunter junger Leute sprangen lachend aus den Abteilen. In das Holzkonzert der klappernden Skibretter, die man aus den Wagen hob und schulterte, mischte sich das Gepolter und Getrampel schwerer Stiefel. Die Metallspitzen von Skistöcken schepperten auf dem Bahnsteig, und ein nahezu babylonisches Sprachengewirr erfüllte die Luft.

Der Baron und Mintzlaff warteten lächelnd, bis die wilde Jagd vorüber war. Dann trugen sie Sorge, dass ihre Koffer im Gepäckraum untergestellt wurden, und erst, nachdem das zu ihrer Zufriedenheit erledigt war, traten sie ins Freie.

Noch schien die Nachmittagssonne. Blaue Schatten lagen auf den meterhohen Schneematratzen. Die kalte, klare Gebirgsluft ließ sich merkwürdig leicht atmen. Von irgendwoher drang Walzermusik. Wahrscheinlich war eine Eisbahn in der Nähe.

Sie spazierten, am Rathaus vorbei, bergan, bis sie eine Straße erreicht hatten, auf der sich Autos und Autobusse hupend ihren Weg bahnten. Es unterlag keinem Zweifel: Sie befanden sich, obwohl sechzehnhundert Meter hoch, in einer Stadt!

Vielfenstrige Hotelpaläste lehnten an den weißen Hängen. Geschäftshäuser und Konsulatsgebäude flankierten die Straße. Bunte Plakate kündigten für den Abend amerikanische Filme an. In den

Schaufenstern gab es Pariser Abendkleider und Fracks nach dem neuesten Schnitt zu bewundern. Eine Kavalkade von zehn Schlitten kam daher. Mit Peitschenknall, fröhlich klingenden Glöckchen und schnaubenden Rössern.

Der Baron war stehen geblieben und schaute hinterdrein. »So viele schöne Frauen!«, sagte er begeistert. »Es war eine gute Idee, hierherzufahren.«

Mitten in dem vergnügten Gewimmel der heimkehrenden Sportler standen drei Neger. Sie umrahmten einen in einem Eisbärenfell steckenden Einheimischen, zeigten ihre weißen Zähne und ließen sich von dem Bärenführer fotografieren. Der Eisbär sprach Deutsch, Englisch und Französisch. Mintzlaff atmete die kühle Luft so selig ein, dass es klang, als ob er seufzte. Hoch über dem Gebirgstal und der Stadt, die sich langsam in Dämmerung hüllten, funkelten sonnige Eisgipfel. Es war wie im Märchen.

»Nun, Sie Traumprinz!«, meinte Lamotte gutmütig. »Dort drüben sehe ich das Büro des Verkehrsvereins. Wenn ich nicht irre, werden Sie sich melden wollen.«

Sie überquerten die Straße.

»Ich werde vor der Tür auf Sie warten«, sagte der Baron. Doch Mintzlaff blieb, statt das Haus zu betreten, wie angewurzelt davor stehen und starrte entgeistert auf ein Plakat, das an der Hauswand klebte. Auf dem Plakat war Folgendes zu lesen:

Mittwoch! Mittwoch!

Auf Einladung der Kunstgesellschaft
und des Verkehrsvereins Davos findet
im Großen Saal des Kurhauses
ein einmaliger Vortrag des bekannten Kunstgelehrten
Prof. Dr. Alfons Mintzlaff statt.
Das Thema des Vortrags lautet
›DER HUMOR ALS WELTANSCHAUUNG‹
Anschließend Diskussion!
Kartenverkauf in den Geschäftsstellen
der veranstaltenden Vereine.
Beginn des Vortrags 9 Uhr abends

Mittwoch! Mittwoch!

Mintzlaff rieb sich die Augen und trat einen Schritt näher. Dann las er das Plakat, das ihn so in Erstaunen gesetzt hatte, noch einmal. Darnach sagte er nur: »Das verstehe, wer will.«

Der Baron führte den Fassungslosen die Stufen zum Kurhauscafé hinauf, schob ihn durch die Tür, half ihm sogar aus dem Mantel und drückte ihn in einen Stuhl.

Nachdem er zwei Hennessy bestellt hatte, sagte er: »So, und nun erleichtern Sie Ihr vom Donner gerührtes Gemüt!«

»Das Plakat!«, murmelte der andere.

»Ganz recht, das Plakat!«

Mintzlaff riss sich zusammen und holte tief Luft, ehe er fortfuhr: »Hier glaubt man doch, dass ich erst in vierzehn Tagen eintreffe! Wenn dem aber so ist – wie kann man dann meinen Vortrag für Mittwoch ansetzen?« Er sah dem Baron misstrauisch in die Augen.

Dieser schüttelte belustigt den Kopf. »Nein, nein! Ich habe mit dem Plakat ebenso wenig zu schaffen wie mit der Depesche!«

»Richtig, die Depesche!« Mintzlaff fröstelte. »Davos entpuppt sich als Rätselecke! Oder sollte ich dem Verkehrsbüro versehentlich ein falsches Datum mitgeteilt haben?«

»Das glaube ich nicht«, sagte der Baron.

Die Kellnerin brachte die Kognaks.

Nachdem sie getrunken hatten, fragte Mintzlaff: »Könnten Sie mich über meine mir völlig unübersichtliche Lage aufklären? Sie wissen vermutlich ungefähr, wie die Dinge zusammenhängen.«

Lamotte wehrte entschieden ab. »Ich werde Ihnen, obwohl ich in der Tat einiges weiß, kein Wort im Voraus verraten.«

»Und weswegen nicht?«

»Sie lehnen es doch sonst ab, der Zukunft in die Karten zu sehen! Bleiben Sie standhaft, junger Mann!«

»Auch gut, Herr Baron. Dann werde ich, da Sie mich so taktvoll im Stich lassen, zunächst einmal versuchen, die Gefechtslage zu skizzieren. Ich komme, auf Grund einer Depesche, die keinen Absender nennt, unangemeldet und zwei volle Wochen vor dem hier bekannten Termin nach Davos. Da sehe ich ein Plakat und muss feststellen, dass mein Vortrag bereits in drei Tagen stattfindet und dass ich, der ja sozusagen am Mittwoch noch gar nicht da sein wird, über ein Thema zu sprechen gedenke, über das ich gar nicht sprechen will.«

 Plötzlich stand er auf.

»Gehen Sie nur!«, meinte der Baron. »Es wird das Beste sein. Ich warte.«

Mintzlaff lief ohne Hut und Mantel aus dem Café.

Der Baron ließ sich noch einen Hennessy bringen und schaute sich geruhsam um.

In der Mitte des großen Raums spielten ältere Holländer und Engländer Billard. Sie waren zwar schon im Abenddress, hatten jedoch die Smokingjacken ausgezogen und an Garderobenständern aufgehängt. Nun standen sie, hemdsärmelig und die Queues pflegend, ernst und schweigsam den Kellnern im Wege oder beugten sich, merkwürdig verrenkt und wie zielende Wilddiebe dreinblickend, über die mit grünem Tuch bezogenen Tische und stießen zu. Die Elfenbeinkugeln klapperten; manchmal gehorchten sie, manchmal nicht.

Wer aufhören musste, räumte dem Gegner wortlos und gottergeben das Feld, markierte den Punktgewinn und verlegte sich von neuem aufs Warten.

»Da bin ich wieder«, sagte Mintzlaff und nahm Platz.

Lamotte sah ihn prüfend an.

»Wenn ich nicht irre, machen Sie ein noch verdutzteres Gesicht als vorher.«

»Machen Sie sich über mich lustig?«

»Nein.«

Mintzlaff lachte ärgerlich. »Der Direktor des Verkehrsvereins war nicht im Büro. Ich fragte einen der Angestellten, seit wann der Herr Professor Mintzlaff in Davos weile.«

»Und was wurde Ihnen geantwortet?«

»Darf ich vorher eine Frage stellen?«

»Ich bitte darum.«

»Wissen Sie ganz sicher, dass ich, mit Ihnen gemeinsam, erst vor knapp einer Stunde in Davos eingetroffen bin?«

»Ich kann es beschwören«, sagte der Baron.

»Trotzdem befinden wir uns beide in einem grundlegenden Irrtum. Es ist nicht wahr, dass ich eben erst in Davos eingetroffen bin. Ich bin bereits seit einer Woche hier!« Mintzlaff runzelte die Stirn. »Man gab mir bereitwilligst nähere Auskünfte. So wohne ich – dies nur als Beispiel – im Grandhotel Belvedere. Ich habe ein Zimmer mit Bad sowie einen Balkon nach der Südseite.«

»Das ist doch großartig.«

»Tagsüber macht man mit mir Schlittenausflüge in romantisch abgelegene Täler, frühstückt dort in Sonne und Schnee und fotografiert mich nach Herzenslust. Wenn ich allein sein will, um in Ruhe nachzudenken, kann ich, mit Freifahrkarten ausgestattet, die Drahtseilbahnen benützen und von dort aus einsame Skitouren unternehmen.«

»Was wollen Sie mehr?«, fragte der Baron. »Die Leute geben sich doch wirklich alle erdenkliche Mühe.«

»Abends bin ich sehr viel eingeladen. Denn die gebildeten Kreise hierorts sind künstlerisch ungewöhnlich interessiert. Und außerdem gelte ich als guter Gesellschafter.«

»Welch angenehme Überraschung!«, sagte der Baron. »Und was gedenken Sie nun zu tun?«

»Genau weiß ich das noch nicht. Aber wenn mich nicht alles trügt, gedenke ich auf der Stelle ins Grandhotel zu gehen, um mir dort selber einen Besuch abzustatten und bei dieser Gelegenheit eins hinter die Ohren zu hauen!«

»Das dürfen Sie nicht! Gerade Sie dürfen das nicht!«

»Weshalb nicht?«

»Weil Sie, als berufener Erforscher der Komik, des Witzes und des Humors, die verdammte Pflicht und Schuldigkeit haben, über der Situation zu stehen.«

»Sie verlangen ein bisschen viel von mir!« Mintzlaff schlug mit dem Zeigefinger mehrmals auf die Tischkante. »Sie müssen wissen …«

»Dass Sie, weil Sie vom Davoser Verkehrsverein eingeladen worden sind, nur wenig Geld bei sich haben.« Der Baron klopfte dem anderen auf die Schulter. »Wenn Sie jetzt zum Verkehrsverein stürzten und den Direktor aufklärten, verdürben Sie sich selber und auch mir den Spaß. Stellen Sie sich doch vor, wie lustig das sein wird, wenn wir am Mittwoch, hier im Kurhaus, oben im Großen Saal, unter den Zuschauern sitzen und den lichtvollen Ausführungen Ihres anderen Ichs lauschen werden!«

»Aber …«

»Es gibt kein Aber«, erklärte Lamotte kategorisch. »Da ich ein Zauberer bin, spielt Geld keine Rolle. Sie können sich im nobelsten Hotel einquartieren – ich hexe Ihnen jeden Betrag in die Brieftasche.« Er streckte die Hand über den Tisch.

Mintzlaff schlug ein. »Ich nehme Ihren Vorschlag an.«

»Bravo!«

»Gilt gezaubertes Geld eigentlich als Falschgeld?«

»Jawohl.«

»Können Sie denn kein echtes Geld zaubern?«

»Ob Geld echt oder falsch ist, richtet sich nur darnach, wer es hergestellt hat. Wenn es der Staat druckt oder prägt, ist es echt.«

»Aber dann sind Sie ja ein Falschmünzer!«

»Ich? Wieso?«

»Haben Sie denn ein Münzprivileg?«

»Ich brauche kein Privileg. Denn ich bin keinem Staat und keinem Gesetz untertan.«

»Richtig!« Mintzlaff rieb sich befriedigt die Hände. »Es ist mir lieb, dass die Angelegenheit, wenn auch auf außergewöhnliche Art, ihre Ordnung hat. Ich schwärme für beides: für das Außergewöhnliche und für die Ordnung.«

»Ich weiß«, sagte der Baron.

»Dann kann die Stegreifkomödie ihren Anfang nehmen!«

»Nachdem wir uns Quartiere gesucht und zu Abend gegessen haben werden, wollen wir versuchen, die flüchtige Bekanntschaft des falschen Herrn Mintzlaff zu machen. Ich glaube, dass uns das unschwer gelingen wird.«

»Ich bin gespannt, wie ich aussehe.«

Der Baron winkte der Kellnerin und zahlte. Dann gingen sie. Die hemdsärmeligen Herren aus Holland und England spielten noch immer Billard.

Draußen war es mittlerweile dunkel geworden. Laternen brannten. Die Straße lag fast menschenleer. In den Hotels und Pensionen waren, in langen schimmernden Reihen, die Zimmerfenster erleuchtet. Die Gäste kleideten sich wohl zum Dinner um.

Der Schnee knirschte ärgerlich. Es war so kalt, dass die Nasenflügel engfroren.

»Ehe wir es vergessen«, sagte der Baron plötzlich, »wie werden Sie denn nun heißen?«

»Was?« Mintzlaff blieb stehen. Unmittelbar darauf lachte er schallend. »Tatsächlich! Ich muss mir ja einen anderen Namen beilegen!«

»Zwei Professoren Mintzlaff sind für Davos entschieden zu viel. Was halten Sie von dem klangvollen Namen Kilian Perathoner?«

»Kilian Perathoner? Ein bisschen zu bombastisch, finden Sie nicht?«

»Suchen wir weiter! Wie wäre es mit Erwin Jennewein?«

»Jennewein ist gut«, sagte Mintzlaff. »Aber Erwin geht leider nicht. Ich habe nämlich eine Freundin, das heißt, ich hatte eine Freundin …«

»Und diese Freundin, die Sie haben oder hatten, heißt unglücklicherweise Erwin?«, meinte Lamotte und blinzelte.

»Nein, sie heißt Hallo.«

»Das ist doch kein Name!«

»Eigentlich heißt sie Sumatra. Sie wurde nämlich dort geboren. Sie fand, schon als Kind, dass eine Insel kein Vorname ist. Und wenn man nach ihr rief, kam sie nicht zum Vorschein; es sei denn, man rief sie nicht beim Namen, sondern ›Hallo!‹. Und so heißt sie Hallo, bis auf den heutigen Tag.«

»Mir soll es recht sein«, meinte der Baron.

»Und wenn Hallo und ich mit dem Rucksack auf dem Rücken durch das, was man Gottes freie Natur nennt, pilgerten oder, wie eben jetzt Sie und ich, unter dem nächtlichen, sternbesäten Himmelsgewölbe standen und nicht wussten, wer an Gut und Böse schuld ist, nannten wir diese verborgene Macht nicht Gott, nicht Schicksal und nicht das Unbekannte, sondern – Erwin! Vielleicht, um jener Macht näher zu sein; vielleicht, weil wir uns vor großen Worten noch mehr fürchteten als vor dem Unbegreiflichen; vielleicht, um trotz allem lächeln zu können.«

»Aha«, sagte der Baron. »Nun, über Hallo und Erwin sprechen wir ein andermal. Dann taufen wir Sie Ludwig Jennewein?«

Mintzlaff war in Gedanken versunken.

»Oder ist der Vorname Ludwig auch schon in Ihrem weltanschaulichen System verankert?«

»Nein, nein. Ludwig Jennewein ist mir recht. Vorausgesetzt, dass ich nicht bis an mein Lebensende so heißen muss.«

»Das verspreche ich Ihnen«, erklärte der Baron. »Kommen Sie, Herr Jennewein! Und heute Abend besuchen wir Herrn Mintzlaff, falls Ihr sogenannter Erwin nichts dagegen einzuwenden hat.«

Eine Sternschnuppe fiel aus dem glitzernden Himmel heraus, beschrieb eine geheimnisvolle Bahn und löste sich im Nichts auf.

»Bei Erwin weiß man nie, woran man ist«, sagte der junge Kunstgelehrte.

Gefährliches Lokal

Mir träumte neulich, dass mein Stammcafé
auf einer Insel unter Palmen stünde.
Persönlich kenne ich bloß Warnemünde.
Doch Träume reisen gern nach Übersee.

Ich saß am Fenster und versank in Schweigen.
Wo sonst die Linie 56 hält,
war eine Art von Urwald aufgestellt.
Und Orang-Utans hingen in den Zweigen.

Sie waren sicher noch nicht lange da.
So leicht verändern sich die Metermaße!
Bevor ich kam, war's noch die Prager Straße.
Man setzt sich hin, schon ist es Sumatra.

Erst wollte ich den Oberkellner fragen.
Dann dachte ich, es hätte keinen Zweck.
Was soll ein Kellner namens Urbanek,
selbst wenn er wollte, weiter dazu sagen?

Dann ging die Tür. Das war der Doktor Uhl.
Und hinter ihm erschien ein schwarzer Panther,
der setzte sich, als sei er ein Bekannter,
an meinen Tisch auf einen leeren Stuhl.

Ich fragte ihn betreten, ob er rauche.
Er sah mich an. Und sagte keinen Ton.
Dann kam der Wirt in eigener Person
und kitzelte den seltnen Gast am Bauche.

Der Ober brachte Erbspüree mit Speck.
Er hatte große Angst und ging auf Zehen.
Der Panther ließ das gute Essen stehen
und fraß den Kellner. Armer Urbanek!

Von oben drang der Klang der Billardbälle.
Der schwarze Panther war noch beim Diner.
Ich saß bestürzt in meinem Stammcafé.
Und sah nur Wald. Und keine Haltestelle.

Weil man mich dann zum Telefone rief
(ein Kunde wollte mich geschäftlich sprechen),
war ich genötigt, plötzlich aufzubrechen.
Als ich zurückkam, sah ich, dass ich schlief …

Der Ritt auf dem Äquator

Sie ritten durch ein weißes Dünengebirge. Dem Pferd kam Sand in die Kugellager. Es knirschte und quietschte ganz abscheulich. Und der Onkel hielt sich die Ohren zu.

»Ich werde verrückt!«, rief Konrad, weil er Ringelhuth aufziehen wollte. Aber der Onkel konnte es, weil er sich die Ohren zuhielt, natürlich gar nicht verstehen. Schließlich hörten die Dünen auf und das Meer begann. Es war marineblau und schien kein Ende zu nehmen. Da standen nun die drei Freunde vorm Indischen Ozean und guckten, obwohl die Sonne brannte, in den Mond. Das Pferd sagte, es habe es ja gleich gesagt, und wollte wieder mal umkehren. Doch da kam es bei den andern schief an. Und so knirschte es unentwegt den Strand entlang, weil Ringelhuth gemeint hatte, vielleicht träfen sie irgendwo einen Kutter.

Einen Kutter trafen sie zwar nicht, aber sie entdeckten etwas noch viel Merkwürdigeres: Sie sahen ein zwei Meter breites Stahlband, das weit ins Meer hinausreichte und ebenso endlos zu sein schien wie der Ozean selber. Es glich fast einer schmalen Gasse, die übers Meer führte, oder einem Bündel Mondstrahlen, das sich nachts im Wasser spiegelt.

Auf diesem Stahlband, nicht weit vom Strand entfernt, stand eine einsame Frau, hielt einen Borstenbesen und schrubbte.

»Was machen Sie denn da?«, fragte der Onkel.

»Ich scheure den Äquator«, gab die Frau zur Antwort.

»Was? Das ist der Äquator?«, rief Konrad und zeigte ungläubig auf das stählerne Band.

»Und wozu scheuern Sie denn das Ding?«, fragte das Pferd.

»Wir hatten drei Tage Monsun«, sagte die Scheuerfrau. »Es gab haushohe Wellen und heute Morgen war der Äquator rostig. Und nun schrubbe ich den Rost weg. Denn wenn er sich festfrisst, könnte der Äquator platzen, und dann ginge der Globus in die Brüche!«

»Das Beste ist, Sie pinseln Ihren blöden Äquator mit Mennige an«, sagte das Pferd. »Dann kann er gar nicht erst rosten.«

»Er muss doch aber ein bisschen rosten«, antwortete die Frau. »Sonst verlier ich meine Anstellung.«

»Dann entschuldigen Sie gütigst«, meinte das Pferd. »Ich wollte Ihnen nicht zu nahe treten.«

»Oh, das macht fast gar nichts«, sagte die Frau bescheiden und scheuerte ihres Wegs.

Onkel Ringelhuth zog den Hut, um ihre Aufmerksamkeit zu erregen. »Ehe Sie sich völlig in Ihre Lebensaufgabe verlieren, noch eine Frage. Wie kommen wir am schnellsten zur Südsee?«

»Rauf auf den Äquator, und dann immer geradeaus!«, rief die Frau.

»Ganz wie Sie wünschen«, sagte der Onkel und setzte sich zögernd den Hut wieder auf.

»Also los, du oller Mustang!«, schrie Konrad, außer sich vor Freude. Dem Pferd lief eine Gänsehaut übers Fell. »Ich soll auf das Wellblech?«, fragte es ängstlich. »Wenn uns dort ein Sturm erwischt, mit Wasserhosen und solchen Sachen, gehen wir glatt übern Harz. Ihr reitet mich auf eigene Gefahr. Seit ich stellungslos bin, bin ich nicht mehr versichert.«

»Hau ab, du schwarzer Schimmel!«, rief der Onkel.

Da sprang das Pferd geräuschvoll auf den Äquator, schmiegte sich an der schrubbenden Scheuerfrau vorbei und zockelte südseewärts. Der Äquator schaukelte. Es war zum Seekrankwerden.

Das Festland war verschwunden. Sie sahen nur noch marineblaues Meer ringsum und die stählerne Schiene vor sich. Manchmal plätscherte eine kleine Welle über den Äquator hin. Dann wurde er nass, und das Pferd kam so ins Rutschen, dass sie im Chor losbrüllten und bei sich dachten: »Guten Morgen, Feierabend!«

Und als sie gar einem Schild begegneten, auf dem zu lesen stand: »Es wird gebeten die Haifische nicht zu necken!«, da fiel ihnen das Herz senkrecht in die Hosen. Auch dem Pferd, das gar keine Hosen anhatte.

An allen Ecken und Enden tauchten Herden von Menschenhaien auf. Die Viecher waren groß wie Unterseeboote, steckten die gefährlichen Mäuler aus dem Wasser und sperrten sie auf, als ob sie gähnten. Sie hatten aber Hunger.

»Das könnte denen so passen«, murmelte der Onkel.

»Herr Apotheker«, sagte das Pferd, »die Tierchen haben sich in Ihren Bauch verliebt. Die wissen, was gut schmeckt.«

»Werden Sie ja nicht frech«, rief Konrad. »Mein Onkel hat keinen Bauch! Merken Sie sich das!«

Ringelhuth war gerührt. »Du bist ein braver Junge«, sagte er. »Und wenn Sie«, jetzt meinte er das Pferd, »wenn Sie ein Ross mit Gymnasialbildung sein wollen, dann könnte ich das ganze Zutrauen …«

In diesem Moment schnellte einer der Haifische aus dem Wasser hoch in die Luft und schnappte gierig nach Ringelhuth. Aber Konrad traf, als gelte es einen Elfmeter, das bedauernswerte Tier mit der Stiefelspitze klar am Unterkiefer, und der Haifisch kehrte reumütig und mit einem komplizierten Kieferbruch in die salzigen Fluten zurück. Daraufhin wandten auch die anderen Haie dem Äquator den Rücken, und die drei Reisenden hatten Ruhe.

»Wenn du nicht schon mein Neffe wärst, würde ich dich umgehend dazu ernennen«, erklärte der Onkel mit zitternder Stimme.

Das Pferd hustete ironisch. Dann sagte es: »Sie werden sich mit Ihrer Freigebigkeit noch ruinieren.«

»Spotten Sie nur!«, rief der Onkel. »Mein Neffe ist ideal veranlagt und weiß meine Bemerkung voll zu würdigen!«

»Wenn ich offen sein soll«, meinte Konrad, »'ne Mark wäre mir lieber gewesen. Ich spar nämlich für 'ne Dampfmaschine.«

»So ein geldgieriger Knabe«, knurrte Ringelhuth. »Nach meinem Tode erbst du ja doch alles.«

»Dann spielt er aber nicht mehr mit Dampfmaschinen«, sagte das Pferd und kicherte. Was blieb dem Onkel weiter übrig? Er holte sein Portemonnaie aus der Tasche und drückte dem Jungen eine Mark in die Hand.

»Hoffentlich will dich noch so 'n Haifisch fressen«, meinte Konrad. »Dann verdien ich mir noch 'ne Mark.« Es kam aber keiner mehr.

»Du hast keinen feinen Charakter«, sagte Ringelhuth. »Aber das ist nicht zu ändern. Es liegt bei uns in der Familie.«

Es konnte gar nicht mehr weit bis zur Südsee sein. Zu beiden Seiten des Äquators sah man schon Palmeninseln mit vorgelagerten Korallenriffen. Und vor den Reisenden tauchte eine mit tropischen Urwäldern versehene Küste auf. Das Pferd fuhr wie ein Schnellzug drauflos. Es hatte den schaukelnden Äquator und das Wasser satt.

Endlich standen sie auf dem Festland. Zwischen zwei riesigen Eukalyptusbäumen hingen aus Lianen geflochtene Girlanden. Und an einer der Girlanden baumelte ein Schild mit folgendem Text:

SÜDSEE, WESTPORTAL
Eintritt auf eigene Gefahr!

Reklamationen können nicht berücksichtigt werden!

Ein bisschen eingeschüchtert ritten sie unter den Girlanden hin und kamen auf eine herrliche Orchideenwiese, die von Palmen umgeben war. Über diese Wiese rannte ein Gorilla auf sie zu, gab ihnen die Hand, drehte sich dann nach den Palmen um und winkte. Im gleichen Augenblick brach ein wüstes Geschrei los. Affenherden, die in den Palmen hockten, kreischten auf. Papageien, die Notenblätter zwischen den Zehen hielten, plärrten dazwischen. Ein Elefant hatte den Rüssel um einen Palmenstamm geschlungen und schüttelte den Baum, dass die Kokosnüsse klapperten. Der Gorilla schwang seine langen Affenarme im Takt, als sei er der Kapellmeister und dirigiere den Heidenlärm.

Ebenso plötzlich, wie er begonnen hatte, hörte der Krach auf. Der Gorilla wandte sich den drei Reisenden zu und fletschte die Zähne.

»Vielen Dank, Sie Affe«, sagte der Onkel. »Es war ergreifend.« Konrad sprang zu Boden, lief zu dem Gorilla hin und klopfte ihn auf die bärtige Schulter. »Wenn ich das dem Oberländer erzähle«, rief er, »zerspringt er. Unter Garantie!«

»Woher soll denn so ein Affe wissen, wer Oberländer ist«, meinte der Onkel.

»Oberländer ist unser Klassenerster«, sagte Konrad. Aber der Gorilla interessierte sich nicht für Konrads Primus, sondern raste eine Palme hinauf. Weg war er! Die andern Affen folgten ihm.

Der Elefant verneigte sich dreimal feierlich vor den Reisenden. Dann trollte er sich. Er trabte in den Urwald, und man konnte noch sehr lange hören, wie die Bäume unter seinen Füßen zersplitterten.

»Fort mit Schaden!«, sagte Ringelhuth. Und dann ritten sie weiter. Sie folgten einem schillernden Schwarm kleiner bunter Kolibris, der vor ihnen herflatterte, als wolle er den Weg zeigen.

»Schau dich gründlich um, mein Junge«, riet das Pferd. »Damit sich dein Aufsatz sehen lassen kann.« Der Onkel meinte sogar, Konrad solle Notizen machen. Aber Konrad antwortete nicht einmal. Er betrachtete die Gegend. Es gab prächtige Paradiesvögel zu sehen und kleine komische Tapire, schneeweiße Eichhörnchen und faustgroße Schmetterlinge in allen Farben, Nashornkäfer und fliegende Hunde, goldne Pfauen und Schlangen, die wie zusammengerollte Gartenschläuche am Wege lagen. Am sehenswertesten war aber eine Herde Kängurus, die unter einem schattigen Bananenbaum saß. Die Kängurumännchen spielten Skat. Die Weibchen strickten Socken. Die Wollknäuel hatten sie in ihren Beuteln. Auch Lebensmittel hatten sie drin. Und die Milchflaschen für die kleinen Kängurus, die im Gras saßen, Bananen schälten und über eine aufgespannte Leine sprangen. Plötzlich griffen die Känguruweibchen hastig nach ihren Kindern, stopften sie in ihre Beutel und hüpften davon. Die Männchen ließen sogar die Skatkarten liegen.

»Nanu!«, rief der Onkel. »Könnt ihr mir vielleicht erklären, warum …« Aber da schwieg er schon. Denn dicht vor ihnen kauerten drei Königstiger. Die drei Tiger strichen sich den Schnurrbart, machten je einen Buckel und wollten gerade losspringen, da riss Onkel Ringelhuth seinen Spazierstock an die Backe, als sei er ein geladenes Gewehr, kniff das linke Auge zu und zielte.

Die Tiger erschraken. Der größte von ihnen zog ein weißes Tuch aus der Tasche und hielt es hoch.

»Ergebt ihr euch?«, schrie Konrad.

Die drei Königstiger nickten.

»Dann macht gefälligst, dass ihr fortkommt!«, rief der Onkel energisch. »Sonst knall ich euch mit meinem Spazierstock über den Haufen!«

»Zurück, marschmarsch!«, wieherte das Pferd. Und da rissen die Raubtiere aus. Gleichzeitig ging ein Ruck durch Negro Kaballo. Er stolperte und starrte verwundert auf seine Hufe. Die Rollschuhe waren verschwunden. »Meine Fresse«, rief das Pferd. »Wo sind denn meine Fahrzeuge hin?«

Der Onkel wusste es auch nicht. Aber Konrad sagte: »Habt ihr denn total verschwitzt, was wir im Schlaraffenland erlebt haben?«

»Richtig!«, rief das Pferd. »Na, mir soll's recht sein. Wozu braucht ein Ross Rollschuhe? Ist ja unnatürlich.« Und von nun an galoppierte es wieder, statt zu rollen.

Mäxchen zählt Schweizer Tunnels

In Calais kletterten sie in eine Caravelle der Air France und flogen mit vielen vergnügten Franzosen, die zum Wintersport wollten, nach Zürich. Dort hatte es geschneit. Vorm Flugplatz stieg der Jokus in ein Taxi.

»Bleiben wir in Zürich?«, fragte Mäxchen.

»Nein, mein Kleiner«, sagte der Professor.

Im Züricher Hauptbahnhof kletterten sie in einen hochmodernen Zug, der nur aus vier Waggons 1. Klasse bestand, und nahmen in der Bar des Speisewagens Platz.

»Draußen steht auf einem Schild ›Zürich–Mailand‹. Fahren wir nach Mailand?«

»Nein, mein Kleiner«, sagte der Professor. Dann bestellte er für sich einen Whisky und für den Jungen einen Tom Collins. »Natürlich ohne Wodka.«

»Sehr gern«, meinte das Servierfräulein und musterte Mäxchen. »Aber Fingerhüte haben wir leider nicht.«

»In einem normalen Glas und mit einem Strohhalm. Der Kleine sitzt gern auf dem Glasrand. Doch das Glas nicht zu voll. Sonst kriegt er nasse Füße.«

»Sehr gern«, sagte das Servierfräulein. »Ganz wie die Herren wünschen.«

Die Welt war schneeweiß. Der Zug sauste am Zürcher See entlang. Er raste am Vierwaldstätter See vorbei. Die Berge kamen näher. Die Strecke stieg an. Ein Tunnel folgte dem anderen. Die Lampen brannten.

Nachdem der Jokus seine Zeitungen gelesen hatte, vertiefte er sich in ein Buch mit dem Titel »Wichtige Winke eines Fachmanns zur Erlernung der Bauchredekunst«. Mäxchen saß auf dem Rande des Glases, hielt sich am Strohhalm fest, schlürfte seinen Tom Collins schlückchenweise und zählte die Tunnels. »Kannst du mir dein Geheimnis noch immer nicht verraten?«, bohrte er.

»Nein, mein Kleiner.«

»Pfui Spinne! Und du willst mein väterlicher Freund sein? Sechsundzwanzig.«

»Was heißt hier sechsundzwanzig?«

»Der sechsund…, schon wieder einer: der siebenundzwanzigste Tunnel.«

Es schneite dicke Flocken. Man konnte Gletscher sehen. Und zu Eis erstarrte Wasserfälle. Es ging stampfend bergan. Immer höher. »Göschenen« stand an einem Bahnhof. Und schon wurde es von neuem dunkel.

»Jetzt fahren wir durch den Sankt Gotthard«, erklärte der Professor. »Mindestens zehn Minuten lang. Und wenn wir drüben in Airolo wieder aus dem Berg herauskommen, scheint die Sonne.«

»Bist du sicher?«

»Nein.«

Trotzdem behielt der Jokus recht. Als sie zehn Minuten später aus der Finsternis auftauchten, mussten sie vor lauter Sonnenschein erst einmal die Augen zukneifen. Der Himmel schimmerte blitzblau. Die Reisenden strahlten. Und der Zug selber freute sich auch. Denn nun ging es endlich bergab. Tiefer und tiefer. Schneller und schneller. Buntbemalte Häuser sausten vorbei. Auf den Balkonen wiegte sich Wäsche, die in der Sonne trocknen sollte. Die Bahnhöfe hatten italienisch klingende Namen. Alles hatte sich geändert. Nur Tunnels gab es noch immer.

»Dreiundvierzig«, sagte Mäxchen. »Seit Zürich dreiund… Nein, vierundvierzig.« Denn schon wieder ratterten sie durch eine halbe Minute Finsternis.

»Verzähle dich nicht«, meinte der Jokus amüsiert. »Sonst müssen wir nach Zürich zurück und die Fahrt wiederholen.«

»Mach keine Witze, sonst verzähle ich mich wirklich.« Es wurde wieder dunkel. Es wurde wieder hell. »Fünfundvierzig«, stellte Mäxchen fest.

Der Zug brauste durch die Ebene. Man sah grüne Hecken mit roten Beeren. Die ersten Zypressen und Palmen tauchten links und rechts von den Gleisen auf. An einem großen Umladebahnhof hing das Schild »Bellinzona«. Und als der Schaffner nach einer Weile durch die Waggons ging und ausrief: »Die nächste Station ist Lugano. Wir halten nur eine Minute!«, da steckte der Professor den Kleinen Mann in die Brusttasche und stand auf.

»Das ist das ganze Geheimnis?«, fragte Mäxchen enttäuscht. »Wir steigen in Lugano aus? Aber wieso ist das denn geheimnisvoll?« Der Jokus wollte antworten. Doch es kamen noch ein paar Tunnels und Mäxchen war vollauf mit Zählen beschäftigt. Dann hielt der Zug.

Draußen rief jemand: »Lugano! Beim Aussteigen, bitte, beeilen!« Sie beeilten sich also. Es ging überhaupt sehr eilig zu. Kaum dass der Jokus auf dem Bahnsteig stand, breitete er auch schon die Arme aus, und kaum dass er die Arme ausgebreitet hatte, fiel ihm auch schon eine junge blonde Dame um den Hals. »Vorsicht«, warnte er, »zerdrücke Mäxchen nicht!« Der Kleine lachte. »Lasst euch nicht stören. Mich stört's auch nicht. Marzipan ist ja weich.«

Vorm Bahnhof stiegen sie in ein Auto und das Marzipanfräulein setzte sich hinter das Steuer. »Wieso?«, fragte Mäxchen verwundert. »Ist das ein Mietwagen?«

»Nein. Er gehört uns«, antwortete der Jokus. »Jedem gehört ein Drittel. Welches Drittel möchtest du haben?«

Aber Mäxchen schwieg. Sie waren nach Zürich geflogen. Warum? Um nach Lugano zu fahren. Wozu? Weil Rosa auf dem Bahnsteig wartete. Weshalb? Um in ein Auto zu steigen, wovon ihm ein Drittel gehörte. Und jetzt? Jetzt fuhren sie durch eine hübsche Stadt, die Lugano hieß, über einen hübschen Platz, in dessen Mitte ein riesiger Christbaum stand, an einem hübschen See und hübschen Hotels entlang. Wohin? Vor welchem Hotel würden sie halten?

Aber sie hielten vor keinem der Hotels. Sie durchquerten die Stadt und fuhren einen der Hügel hinauf, die den See umkränzten. An Villen und Gärten vorüber. Durch Kastanienwälder und durch Dörfer mit Kirchen, Friedhöfen, Schulen, Konsumläden, Kneipen und Tankstellen. Die Straßen wurden schmäler. Sie waren nicht mehr asphaltiert. Das Auto hoppelte wie ein Kaninchen. Doch dann, ganz unerwartet, bog es in einen Wiesenweg ein und hielt vor einer weißen Mauer. Neben der Einfahrt war ein Schild angebracht. »Villa Sorgenklein«, las Mäxchen.

Rosa Marzipan sperrte das Tor auf, fuhr mit dem Wagen über den knirschenden Kies bis zur Garage, stieg wieder aus und sagte lächelnd: »Herzlich willkommen! Wir sind zu Hause.«

Früh gegen sieben Uhr polterten die ersten Gäste aus ihren Zimmern. Es klang, als marschierten Kolonnen von Tiefseetauchern durch die Korridore.

Der Frühstückssaal hallte wider von den Gesprächen und vom Gelächter hungriger, gesunder Menschen. Die Kellner balancierten üppig beladene Tabletts. Später schleppten sie Lunchpakete herbei und überreichten sie den Gästen, die erst am Nachmittag von größeren Skitouren zurückkehren wollten.

Heute zog auch Hoteldirektor Kühne wieder in die Berge. Als er, gestiefelt und gespornt, beim Portier vorüberkam, sagte er: »Herr Polter, sehen Sie zu, dass dieser Schulze keinen Quatsch macht! Der Kerl ist heimtückisch. Seine Ohrläppchen sind angewachsen. Und kümmern Sie sich um den kleinen Millionär!«

»Wie ein Vater«, erklärte Onkel Polter ernst. »Und dem Schulze werde ich irgendeine Nebenbeschäftigung verpassen. Damit er nicht übermütig wird.«

Karl der Kühne musterte das Barometer. »Ich bin vor dem Diner wieder da.« Fort war er.

»Na, wenn schon«, sagte der Portier und sortierte anschließend die Frühpost.

Herr Kesselhuth saß noch in der Wanne, als es klopfte. Er meldete sich nicht. Denn er hatte Seife in den Augen. Und Kopfschmerzen hatte er außerdem. »Das kommt vom Saufen«, sprach er zu sich selber. Und dann ließ er sich kaltes Wasser übers Genick laufen.

Da wurde die Badezimmertür geöffnet, und ein wilder, lockiger Gebirgsbewohner trat ein. »Guten Morgen wünsch ich«, erklärte er. »Entschuldigen Sie, bittschön. Aber ich bin der Graswander Toni.«

»Da kann man nichts machen«, sagte der nackte Mann in der Wanne. »Wie geht's?«

»Danke der Nachfrage. Es geht.«

»Das freut mich«, versicherte Kesselhuth in gewinnender Manier. »Und worum handelt sich's? Wollen Sie mir den Rücken abseifen?«

Anton Graswander zuckte die Achseln. »Schon, schon. Aber eigentlich komm ich von wegen dem Skiunterricht.«

»Ach so!«, rief Kesselhuth. Dann streckte er einen Fuß aus dem Wasser, bearbeitete ihn mit Bürste und Seife und fragte: »Wollen wir mit dem Skifahren nicht lieber warten, bis ich abgetrocknet bin?«

Der Toni sagte: »Please, Sir!« Er war ein internationaler Skilehrer. »Ich warte drunten in der Halle. Ich hab dem Herrn ein Paar Bretteln mitgebracht. Prima Eschenholz.« Dann ging er wieder.

Auch Hagedorns morgendlicher Schlummer erlitt eine Störung. Er träumte, dass ihn jemand rüttele und schüttele, und rollte sich gekränkt auf die andre Seite des breiten Betts. Aber der Jemand ließ sich nicht entmutigen. Er wanderte um das Bett herum, schlug die Steppdecke zurück, zog ihm den Pyjama vom Leibe, goss aus einer Flasche kühles Öl auf den Rücken des Schläfers und begann ihn mit riesigen Händen zu kneten und zu beklopfen.

»Lassen Sie den Blödsinn!«, murmelte Hagedorn und haschte vergeblich nach der Decke. Dann lachte er plötzlich und rief: »Nicht kitzeln!« Endlich wachte er ein wenig auf, drehte den Kopf zur Seite, bemerkte einen großen Mann mit aufgerollten Hemdsärmeln und fragte erbost: »Sind Sie des Teufels, Herr?«

»Nein, der Masseur«, sagte der Fremde. »Ich bin bestellt. Mein Name ist Masseur Stünzner.«

»Ist Masseur Ihr Vorname?«, fragte der junge Mann.

»Eher der Beruf«, antwortete der andre und verstärkte seine handgreiflichen Bemühungen. Es schien nicht ratsam, Herrn Stünzner zu reizen. ›Ich bin in seiner Gewalt‹, dachte der junge Mann. ›Er ist ein jähzorniger Masseur. Wenn ich ihn kränke, massiert er mich in Grund und Boden‹.

Alle Knochen taten ihm weh. Und das sollte gesund sein?

Geheimrat Tobler wurde nicht geweckt. Er schlief, in seinen uralten warmen Mantel gehüllt, turmhoch über allem irdischen Lärm. Fern von Masseuren und Skilehrern. Doch als er erwachte, war es noch dunkel.

Er blieb lange Zeit, im friedlichen Halbschlummer, liegen. Und er wunderte sich, in regelmäßigen Abständen, dass es nicht heller wurde.

Endlich kletterte er aus dem Bett und blickte auf die Taschenuhr. Die Leuchtziffern teilten mit, dass es zehn Uhr sei.

›Offensichtlich eine Art Sonnenfinsternis‹, dachte er und ging kurz entschlossen wieder ins Bett. Es war hundekalt im Zimmer.

 Aber er konnte nicht wieder einschlafen. Und, vor sich hin

dösend, kam ihm eine Idee. Er stieg wieder aus dem Bett heraus, zündete ein Streichholz an und betrachtete das nahezu waagrechte Dachfenster. Das Fenster lag voller Schnee. ›Das ist also die Sonnenfinsternis!‹ dachte er. Er stemmte das Fenster hoch. Der größere Teil des auf dem Fenster liegenden, über Nacht gefallenen Schnees prasselte das Dach hinab. Der Rest, es waren immerhin einige Kilo, fiel in und auf Toblers Pantoffeln.

Er schimpfte. Aber es klang nicht sehr überzeugend.

Draußen schien die Sonne. Sie drang wärmend in die erstarrte Kammer. Herr Geheimrat Tobler zog den alten Mantel aus, stellte sich auf den Stuhl, steckte den Kopf durchs Fenster und nahm ein Sonnenbad. Die Nähe und der Horizont waren mit eisig glänzenden Berggipfeln und rosa schimmernden Felsschroffen angefüllt.

Schließlich stieg er wieder vom Stuhl herunter, wusch und rasierte sich, zog den violetten Anzug an, umgürtete die langen Hosenbeine mit einem Paar Wickelgamaschen, das aus dem Weltkrieg stammte, und ging in den Frühstückssaal hinunter.

Hier traf er Hagedorn. Sie begrüßten einander aufs herzlichste. Und der junge Mann sagte: »Herr Kesselhuth ist schon auf der Skiwiese.« Dann frühstückten sie gründlich.

Durch die großen Fenster blickte man in den Park. Die Bäume und Büsche sahen aus, als ob auf ihren Zweigen Schnee blühe, genau wie Blumen blühen. Darüber erhoben sich die Kämme und Gipfel der winterlichen Alpen. Und über allem, hoch oben, strahlte wolkenloser, tiefblauer Himmel.

»Es ist so schön, dass man aus der Haut fahren könnte!«, sagte Hagedorn. »Was unternehmen wir heute?«

»Wir gehen spazieren«, meinte Schulze. »Es ist vollkommen gleichgültig, wohin.« Er breitete sehnsüchtig die Arme aus. Die zu kurzen Ärmel rutschten vor Schreck bis an die Ellbogen. Dann sagte er: »Ich warne Sie nur vor einem: Wagen Sie es nicht, mir unterwegs mitzuteilen, wie die einzelnen Berge heißen!«

Hagedorn lachte. »Keine Sorge, Schulze! Mir geht's wie Ihnen. Man soll die Schönheit nicht duzen!«

»Die Frauen ausgenommen«, erklärte Schulze aufs entschiedenste. »Wie Sie wünschen!«, sagte der junge Mann. Dann bat er einen Kellner, er möge ihm doch aus der Küche einen großen leeren Marmeladeneimer besorgen. Der Kellner führte den merkwürdigen Auftrag aus, und die beiden Preisträger brachen auf.

Onkel Polter überlief eine Gänsehaut, als er Schulzes Wickelgamaschen erblickte. Auch über Hagedorns Marmeladeneimer konnte er sich nicht freuen. Es sah aus, als ob zwei erwachsene Männer fortgingen, um im Sand zu spielen.

Sie traten aus dem Hotel. »Kasimir ist über Nacht noch schöner geworden!«, rief Hagedorn begeistert aus, lief zu dem Schneemann hinüber, stellte sich auf die Zehenspitzen und stülpte ihm den goldgelben Marmeladeneimer aufs Haupt.

Dann übte er, schmerzverzogenen Gesichts, Schulterrollen und sagte: »Dieser Stünzner hat mich völlig zugrunde gerichtet!«

»Welcher Stünzner?«, fragte Schulze.

»Der Masseur Stünzner«, erklärte Hagedorn. »Ich komme mir vor, als hätte man mich durch eine Wringmaschine gedreht. So ähnlich muss sich Prokrustes gefühlt haben. Und das soll gesund sein? Das ist vorsätzliche Körperverletzung!«

»Es ist trotzdem gesund«, behauptete Schulze.

»Wenn er übermorgen wiederkommt«, sagte Hagedorn, »schicke ich ihn in Ihre Rumpelkammer. Soll er sich bei Ihnen austoben!«

Da öffnete sich die Hoteltür, und Onkel Polter stapfte durch den Schnee. »Hier ist ein Brief, Herr Doktor. Und in dem anderen Kuvert sind ein paar ausländische Briefmarken.«

»Danke schön«, sagte der junge Mann. »Oh, ein Brief von meiner Mutter! Wie gefällt Ihnen übrigens Kasimir?«

»Darüber möchte ich mich lieber nicht äußern«, erwiderte der Portier.

»Erlauben Sie mal!«, rief der junge Mann. »Kasimir gilt unter Fachleuten für den schönsten Schneemann zu Wasser und zu Lande!«

»Ach so«, sagte Onkel Polter. »Ich dachte, Kasimir sei der Vorname von Herrn Schulze.« Er verbeugte sich leicht und ging zur Hoteltür zurück. Dort drehte er sich noch einmal um. »Von Schneemännern verstehe ich nichts.«

Sie folgten einem Weg, der über verschneites, freies Gelände führte. Später kamen sie in einen Tannenwald und mussten steigen. Die Bäume waren uralt und riesengroß. Manchmal löste sich die schwere Schneelast von einem der Zweige und stäubte in dichten weißen Wolken auf die zwei Männer herab, die schweigend durch die märchenhafte Stille spazierten. Der Sonnenschein, der streifig über dem Bergpfad schwebte, sah aus, als habe ihn eine gütige Fee gekämmt.

Als sie einer Bank begegneten, machten sie halt. Hagedorn schob den Schnee beiseite, und sie setzten sich. Ein schwarzes Eichhörnchen lief eilig über den Weg.

Nach einer Weile erhoben sie sich wortlos und gingen weiter. Der Wald war zu Ende. Sie gerieten auf freies Feld. Ihr Pfad schien im Himmel zu münden. In Wirklichkeit bog er rechts ab und führte zu einem baumlosen Hügel, auf dem sich zwei schwarze Punkte bewegten.

Hagedorn sagte: »Ich bin glücklich! Bis weit über die Grenzen des Erlaubten!« Er schüttelte befremdet den Kopf. »Wenn man's so bedenkt: Vorgestern noch in Berlin. Seit Jahren ohne Arbeit. Und in vierzehn Tagen wieder in Berlin …«

»Glücklichsein ist keine Schande«, sagte Schulze, »sondern eine Seltenheit.«

Plötzlich entfernte sich der eine der schwarzen Punkte von dem anderen. Der Abstand wuchs. Der Punkt wuchs auch. Es war ein Skifahrer. Er kam mit unheimlicher Geschwindigkeit näher und hielt sich mit Mühe aufrecht.

»Da gehen jemandem die Schneeschuhe durch«, meinte Hagedorn.

Ungefähr zwanzig Meter von ihnen tat der Skifahrer einen marionettenhaften Sprung, stürzte kopfüber in eine Schneewehe und war verschwunden.

»Spielen wir ein bisschen Feuerwehr!«, rief Schulze. Dann liefen sie querfeldein, versanken wiederholt bis an die Hüften im Schnee und halfen einander, so gut es ging, vorwärts.

Endlich erblickten sie ein Paar zappelnde Beine und ein Paar Skibretter und zogen und zerrten an dem fremden Herrn, bis er, dem Schneemann Kasimir nicht unähnlich, zum Vorschein kam.

Er hustete und prustete, spuckte pfundweise Schnee aus und sagte dann tieftraurig: »Guten Morgen, meine Herren.« Es war Johann Kesselhuth.

Herr Schulze lachte Tränen. Doktor Hagedorn klopfte den Schnee vom Anzug des Verunglückten. Und Kesselhuth befühlte misstrauisch seine Gliedmaßen. »Ich bin anscheinend noch ganz«, meinte er dann.

»Weshalb sind Sie denn in diesem Tempo den Hang heruntergefahren?«, fragte Schulze.

Kesselhuth sagte ärgerlich: »Die Bretter sind gefahren. Ich doch nicht!«

Nun kam auch der Graswander Toni angesaust. Er fuhr einen eleganten Bogen und blieb mit einem Ruck stehen. »Aber, mein Herr!«, rief er. »Schussfahren kommt doch erst in der fünften Stunde dran!«

Nach dem Mittagessen gingen die drei Männer auf die Hotelterrasse hinaus, legten sich in bequeme Liegestühle, schlossen die Augen und rauchten Zigarren. Die Sonne brannte heißer als im Sommer.

»In ein paar Tagen werden wir wie die Neger aussehen«, meinte Schulze. »Braune Gesichtsfarbe tut Wunder. Man blickt in den Spiegel und ist gesund.«

Die anderen nickten zustimmend. [...]

Die Sonne brannte. Die Zigarren brannten nicht mehr. Die drei Männer schliefen. Herr Kesselhuth träumte vom Skifahren. Der Graswander Toni stand auf dem einen Turm der Münchner Frauenkirche. Und er, Kesselhuth, auf dem andern Turm.

»Und jetzt eine kleine Schussfahrt«, sagte der Toni. »Über das

Kirchendach, bitte schön. Und dann, mit einem stilreinen Sprung, in die Brienner Straße. Vorm Hofgarten, beim Annast, machen S' einen Stemmbogen und warten auf mich.«

»Ich fahre nicht«, erklärte Kesselhuth. »Das würde mir nicht einmal im Traum einfallen!« Hierbei fiel ihm ein, dass er träumte! Da wurde er mutig und sagte zum Toni: »Rutschen Sie mir in stilreinen Stemmbögen den Buckel runter!« Anschließend lächelte er im Schlaf. [...]

Am nächsten Morgen frühstückten die drei Männer gemeinsam. Der Tag war noch schöner als der vorige. Es hatte nachts nicht geschneit. Die Luft war frostklar. Die Sonne malte tiefblaue Schatten in den Schnee. Und der Oberkellner teilte mit, dass soeben vom Wolkenstein herrlichste Fernsicht gemeldet worden sei. Die Gäste wimmelten im Frühstückssaal wie ein Nomadenstamm, der zur Völkerwanderung aufbricht.

»Was unternimmt man heute?«, fragte Schulze. Dann holte er, mit gespielter Umständlichkeit, eine Zigarre hervor, zündete sie an und musterte, über das brennende Streichholz hinweg, den edlen Spender.

Johann wurde rot. Er griff in die Tasche und legte drei Billetts auf den Tisch. »Wenn es Ihnen recht ist«, sagte er, »fahren wir mit der Drahtseilbahn auf den Wolkenstein. Ich habe mir erlaubt, Fahr- und Platzkarten zu besorgen. Der Andrang ist sehr groß. In einer halben Stunde sind wir dran. Allein möchte ich nicht fahren. Haben Sie Lust mitzukommen? Mittags muss ich allerdings wieder zurück. Wegen der zweiten Skistunde.«

Dreißig Minuten später schwebten sie in einem rhombischen Kasten, der fünfzehn Personen fasste, über den waldigen Hügeln, die dem Wolkenstein vorgelagert sind, und fuhren in einem ziemlich steilen Winkel in den Himmel empor.

Sooft sie einen der betonierten Riesenmasten passierten, schwankte der Kasten bedenklich, und einige der eleganten Sportsleute wurden unter der braunen Gesichtsfarbe blass.

Die Landschaft, auf die man hinunterblickte, wurde immer gewagter. Und der Horizont wich immer weiter zurück. Die Abgründe vertieften sich. Die Baumgrenze wurde überquert. Sturzbäche fielen an schroffen Felswänden hinab ins Ungewisse.

Im Schnee sah man Wildspuren.

Endlich, nach dem siebenten Pfeiler, waren die Abgründe überwunden. Die Erde kam wieder näher. Die Landschaft nahm, auf einer höheren Ebene, wieder gemäßigte Formen an. Und die sonnenüberglänzten, weißen Hänge wimmelten von Skifahrern.

»Es sieht aus wie weißer Musselin mit schwarzen Tupfen«, sagte eine Frau. Die meisten Fahrgäste lachten. Aber sie hatte recht.

Kurz darauf gab es einen letzten herzhaften Ruck, und die Endstation, zwölfhundert Meter über Bruckbeuren, war erreicht. Die Passagiere stolperten, von der Fahrt und der dünnen Luft benommen, ins Freie, bemächtigten sich ihrer Schneeschuhe, schulterten sie und kletterten zum Berghotel Wolkenstein hinauf, um von dort aus eine der gepriesenen fünfundvierzig Abfahrten in Angriff zu nehmen.

Wohin man sah, zogen Schneeschuhkarawanen. Noch an den fernsten Steilhängen sausten winzige Skirudel zu Tale. Vor den Veranden des Hotels standen Touristen in Scharen und bohnerten ihre Bretteln; denn hier oben hatte es nachts Neuschnee gegeben.

Nur auf der großen hölzernen Sonnenterrasse ging es friedlich zu. Hier gab es lange Reihen von Liegestühlen. Und in diesen Liegestühlen schmorten eingeölte Gesichter und Unterarme.

»Fünfzehn Grad unter null«, sagte das eine Gesicht. »Und trotzdem kriegt man den Sonnenstich.«

»Tun Sie, was Sie nicht lassen können«, erklärte ein anderes krebsrotes Gesicht.

Schulze hielt seine Begleiter fest. »Meine Herren«, meinte er, »jetzt kaufen wir uns ein Fläschchen Nussöl, salben alles, was aus dem Anzug herausguckt, und pflanzen uns hin.«

Hagedorn verschwand im Haus und besorgte Öl. Kesselhuth und Schulze annektierten drei Liegestühle. Dann fetteten sie sich ein und ließen sich rösten.

»Der reinste Grill-Room«, behauptete Schulze.

Wenn man die Augen halb öffnete, erblickte man unabsehbare Gipfelketten, in vielen Zackenreihen hintereinander geschichtet, und dort, wo sie mit dem Firmament zusammenstießen, blitzte, durch die gesenkten Wimpern, ein eisiges Feuerwerk aus Gletschern und Sonne.

Eine Stunde hielten sie das Gebratenwerden aus, dann erhoben sie sich. Sie lobten wechselseitig ihre Hautfarbe, tranken Limonade und ergingen sich.

Kesselhuth ließ sich von einem steinalten Fernrohrbesitzer die bekanntesten Berge zeigen und ruhte nicht, bis er Gämsen gesehen hatte. Es konnte auch ein Irrtum gewesen sein.

Die unermüdliche Drahtseilbahn spie immer neue Skifahrer aus. Die schmalen, von hohen Schneemauern eingesäumten Wege waren belebter als die Straßen der Weltstädte. Und nachdem es einer schicken jungen Dame, die ihre Schneeschuhe geschultert trug, mit Hilfe einer unbedachten Wendung gelungen war, Herrn Schulze die Pudelmütze vom Kopf zu schlagen, gaben sie die Wanderung durch die Stille der Natur auf. Der Verkehr war lebensgefährlich.

Brief aus dem Engadin

Halten Sie mir die nahezu hymnische Begeisterung, die der Brief enthalten wird, zugute. Ich war nie vorher in dieser unvergleichlichen Gegend. Ich habe nie vorher wochenlang 1800 Meter über dem Meeresspiegel gewohnt und nie vorher nachts auf dem Balkon gestanden, um Gletscher im Lichte des Vollmonds schimmern zu sehen. Können Sie sich vorstellen, wie es auf den Beschauer wirken mag, wenn nachts die Wiesen vom Mondschein überschwemmt werden, so dass sie einem blühenden See gleichen, in dem das kleine Dorf schwimmend schwebt, als läge es vor Anker?

Denken Sie nur, gestern Nachmittag hat es hier geschneit! Große dicke Flocken sanken auf die Wiesenblumen und auf die Lärchenwälder herab. Die Gäste der Hotels flohen von den Tennisplätzen und von den Liegestühlen, versammelten sich in der Halle und blickten verwundert durch die Fenster.

Nach einer Stunde brach sich die Sonne Bahn und fegte den Himmel wieder blau. Nun liefen die Gäste lachend ins Freie und spazierten die Hänge hinauf, um den Neuschnee mit Händen zu fassen. Alle Berge, auch die nächsten und niedrigsten, waren weiß geworden. Der See und der Himmel wetteiferten mit ihrer Bläue, und wir liefen in unsren leichten Sommerkleidern durch die Wiesen.

Von den Wiesen muss ich nun Genaueres berichten. Wenn Sie jemals eines der Landschaftsbilder von Segantini sahen, werden Sie sich leicht erinnern können. Denn diese Wiesen hier hat er gemalt!

Und so leuchtend und so bunt seine Farben waren, er hat die Leuchtkraft und die üppige, wilde Buntheit der Engadiner Wiesen selten erreicht. Rötlicher Sauerampfer und blaue Lupinen, weiße Anemonen und gelbe Dotterblumen, Pechnelken, Enzian, Alpenrosen, Wiesenorchideen, Akelei, Vergissmeinnicht, Wollgräser, Glockenblumen, Wolfsmilch, Löwenzahn, Sternmiere, Klee, rosafarbiger Kalmus, Disteln, Stiefmütterchen und viele Pflanzen, die man mit Namen nicht kennt, blühen auf diesen Wiesen und wachsen neben Hunderten verschiedener Gräser zum Licht. Eigentlich blühen und wachsen sie nicht. Das klingt viel zu ruhig, viel zu temperamentlos. Sie wuchern. Sie schießen hoch. Sie fluten aus der Erde empor und überschwemmen die grünen Flächen mit Buntheit. Sieben Sommer verbrachte Friedrich Nietzsche hier oben. Immer wieder kehrte er in diese Vegetation zurück, die so hemmungslos und zugleich so schön ist wie keine andere unsres Erdteils.

Mir will scheinen, diese seltsame und harmonische Verknüpfung zweier verfeindeter Eigenschaften blieb der Pflanzenwelt vorbehalten. Doch ich möchte meine Beschreibung der Silser Wiesen weder mit Politik noch mit Anthropologie beschweren, sondern bei der Naturkunde haltmachen und vermuten, dass der Botaniker, der hierhergerät, vor beruflichem Glück Gefahr läuft, verrückt zu werden.

Wir Nichtbotaniker beschränken uns darauf, diese Landschaft jeden Tag von neuem zu bewundern und, Kindern zum Verwechseln ähnlich, in ihr herumzulaufen. Wer sich der üppigen Idylle von Seen und Wiesen vorübergehend entziehen will, der spaziert in eines der Gletschertäler hinein, dem Piz Fedoz zu und ins Fextal, an dessen Ende, wenige Minuten von den Moränen entfernt, ein Hotel steht, von dessen Terrassen aus man ewiges Eis, nackte Felswände und andre Erhabenheiten genug zu sehen bekommt. Hinter diesen Gletschern, nicht zu sehen und doch spürbar, erstreckt sich das riesige Bernina-Massiv, dem Roseg, dem Morteratsch und dem Piz Palü zu. Hier wurde der Schnee in Permanenz erklärt. Hier ist der Himmel türkisblau, und die weißen Wolken treiben übers Eis, dass man nicht mehr errät, wo die Berge aufhören und wo der Himmel beginnt. Hier scheint die Erde zu Ende zu sein, und jedes pflanzliche Leben macht hier halt.

Lange kann man angesichts dieser erhabenen Einöde nicht bleiben. Man sehnt sich zurück in die lichtgrünen Lärchenwälder und auf die Pfade, die durch die Blumenwiesen zu dem See hinabführen, und zu der Halbinsel Chasté, auf deren äußerstem Zipfel dem Sommergast Nietzsche ein Gedenkstein errichtet worden ist. Dieser Stein wurde mit jener klangschönen Strophe beschrieben, in welcher der Philosoph mehr als kühn behauptet, das Weh sei vergänglich, die Lust hingegen ewig.

Auf dieser Halbinsel im See von Sils Maria mag man dieser gewagten Ansicht sein. Aber schon wenn man die Koffer packt, ergreifen uns Zweifel. Und kaum sind wir zu Hause angekommen, merken wir, dass unsre Zweifel leider berechtigt waren.

Begegnung auf einer Parkbank

Ein bezaubernd buntes Pfauenauge
setzte sich, damit es Honig sauge,
auf Herrn Lehmanns Feiertagskrawatte,
die ein schönes Blumenmuster hatte.

Selbst Krawattenseide, schwer wie diese,
ist noch lange keine Honigwiese!
Als der Schmetterling verdutzt entschwebte,
lachte Lehmann, dass die Weste bebte.

Der freie Tag

Hellbrunn, 25. August, morgens

Nun ist er vorüber, Konstanzes freier Tag! Er ist in die Vergangenheit zurückgesunken, hinab zu den übrigen, den glücklichen und traurigen Tagen, die nicht wiederkehren.

Ich sitze in einer uralten Allee und bin allein. Es ist noch früh, und die Morgensonne bestrahlt am Ende meiner dämmrigen Allee das Schloss Hellbrunn. – In einem anderen, einem kleineren Schloss, nicht weit von hier, wird Konstanze gerade jetzt ihre Frühstückstabletts über die Barocktreppe balancieren und an mich denken. Hoffentlich lässt sie kein Tablett fallen. Altes Porzellan ist teuer. Ob sie wie andre Stubenmädchen ein schwarzes Kleid, eine winzige weiße Tändelschürze und auf dem Haar ein weißes Rüschenhäubchen trägt? Ich darf nicht vergessen, sie darnach zu fragen. Gestern Morgen kam sie nicht als Zofe, sondern als Amazone. Ich erwartete sie auf dem Salzburger Residenzplatz, und mein Rucksack wog so schwer, dass ich Mühe hatte, nicht auf den Rücken zu fallen. Da bog ein kleines, flinkes Sportauto um die Ecke; jemand winkte; der Wagen bremste; am Steuer saß ein junges Mädchen und rief: »Servus, Georg!«

Ich traute meinen Augen nicht. Es war Konstanze. Und ich vergaß vor Überraschung, ihr die Hand zu geben.

 »Der alte Graf hat mir vor seiner Abreise erlaubt, den Wagen in wichtigen Fällen zu benutzen. Und«, fragte sie, »ist mein freier Tag kein wichtiger Fall?«

»Das schon.«

»Alsdann.«

»Aber das Benzin?« (Dass man dauernd über Geld sprechen muss, wenn man keines hat!)

»Du vergisst mein Sparkassenbuch.«

»Und das Chauffieren, hast du das auch auf der Handelsschule gelernt?«

»Nein. Ich brauchte den Führerschein, weil ich die Schwester des Grafen oft spazieren fahren muss. So, nun steig aber ein, bevor dich dein Rucksack umwirft!«

Ich verstaute den Tornister, setzte mich neben sie und schüttelte ihr die Hand. Sie gab Gas, und fort ging's. (Um das Wandern war ich also herumgekommen.)

In den Dorfgärten blühten die Dahlien und Astern. Auf den Wiesen standen Kühe und Pferde. Der Tag wurde heiß. Konstanzes Augen blitzten. Ihr Mund war halb geöffnet, und sie sang leise. Sooft sie spürte, dass ich sie von der Seite ansah, lächelte sie, blickte aber unbeirrt geradeaus. Manchmal rief sie mir den Namen einer Ortschaft zu. Dann summte sie wieder vor sich hin. Schließlich sang ich sogar mit und behauptete später, als wir auf dem Gipfel des Gaisberges ausstiegen, glockenrein zweite Stimme gesungen zu haben. So eine Frechheit!

Wir hockten uns auf einen Felsblock, schauten über Berg und Tal und freuten uns, ein Teil dieser schönen Welt zu sein. Ein Segelflugzeug schwebte lautlos wie ein großer, geheimnisvoller Vogel über den Wäldern und scheuchte einen Schwarm Krähen auf.

Das Gefühl für Zeit kommt einem, wenn man sich sehnt, sie möge stillstehen, ganz und gar abhanden. Irgendwann fuhren wir jedenfalls wieder bergab und ins Salzkammergut hinein, an dem blauen Fuschlsee vorbei bis zum Wolfgangsee. Hinter St. Gilgen parkte Konstanze den Wagen auf einem Wiesenweg. Wir liefen zum Ufer, zogen das Badezeug an, hüpften ins Wasser, schwammen in den See hinaus, lagen hinterher im warmen Gras, bis wir trocken waren, und blinzelten in die Sonne. Zuweilen fuhren Dampfer mit winkenden und rufenden Touristen vorüber. Aber sonst waren wir mit unsrer bunten, duftenden Blumenwiese ganz allein.

Manchmal plauderten wir. Manchmal kramten wir in meinem unergründlichen Rucksack und futterten. Manchmal küssten wir uns, und die Heimchen und die Bienen brachten währenddem ihr Konzert für Wiesenorchester zum Vortrag. So ähnlich muss es im Paradies zugegangen sein. (Natürlich mit dem Unterschied, dass Adam und Eva unartiger waren als wir.) Wenn nicht gegen Abend ein Gewitter heraufgekommen wäre, lägen wir wahrscheinlich jetzt noch dort. So aber mussten auch wir zwei aus dem Paradies flüchten. (Es wiederholt sich alles.) Der Himmel wurde blutrot. Über dem Schafberg und über dem Sparber blitzte das Schwert des Erzengels. Und kaum hatten wir die Persenning festgemacht, brach das Donnerwetter los. Der Regen ging gleich einer unsichtbaren Lawine auf uns nieder, und der Donner krachte wie schwere Mörser. In Salzburg regnete, blitzte und donnerte es natürlich auch. Wir landeten schließlich im Bahnhofswartesaal, wo kein Verzehrzwang ist. Hier erzählte sie mir eine verrückte Sache von einem armen Kleinbauern aus der Umgegend, der eine putzsüchtige Tochter hat, die sich eines schönen Sonntags, als sie neben ihm im Garten saß, nach dem Vorbild zugereister Damen die Fingernägel mit rotem Lack färbte. Da der Vater nicht nur schlief, sondern auch barfuß war, malte sie ihm, nachdem ihre Fingerspitzen rot genug waren, die Zehennägel rot. Als der alte Bauer erwachte, fluchte er mordsmäßig, ließ jedoch seine Zehen so schön, wie sie waren.

Am nächsten Tag brach sich der Bedauernswerte ein Bein und wurde ins Krankenhaus gebracht. Als der amtierende Arzt die rotgelackten Zehen des Bauern erblickte, musste er so lachen, dass ihm ein Kollege helfen musste, das Bein zu schienen. Auch die Schwestern sollen Gesichter gezogen haben, die bei ersten Hilfeleistungen nicht üblich sind. Der Bauer hieß von diesem Tag an »die Diva«.

Und dann will ich ja die kleine Geschichte aufschreiben, die sie mir nachmittags, während wir in der Wiese lagen, erzählte! Als sie noch ein Kind war, hörte sie die Eltern oft vom »Gotteshaus« sprechen. So gewöhnte sie sich an die Vorstellung, dass Gott im Gotteshaus wohne wie die Kinder und Eltern im Elternhaus.

Eines Sonntags durfte Konstanze die Mutter in die Kirche begleiten. Noch nie hatte sie die geschnitzten Stühle, die Altäre, die Kerzen und die Kanzel gesehen. Sie blieb, nun sie das Haus Gottes von innen erblickte, überwältigt stehen, drückte die Hand der Mutter, seufzte ein wenig und flüsterte: »Gott hat aber schöne Möbel!«

Abends waren wir in einem Mozart-Konzert, das der um Salzburg und dessen größten Sohn verdiente Dr. Bernhard Paumgartner dirigierte. Konstanze waren die Billetts von dem Amerikaner geschenkt worden, der das Schloss bis zum Monatsende gemietet hat. [...]

Die Abendmusik war ganz herrlich. Man spielte zwei Arbeiten von dem noch nicht zwanzigjährigen Mozart: eine A-Dur-Symphonie und, mit einem italienischen Virtuosen, ein Konzert für Violine; eine Französin sang Arien; und den Beschluss bildete die ›Linzer Symphonie‹. Der Saal war leider mäßig besucht. Dafür war aber unter den Zuhörern keiner jener Banausen, die sich etwa an der Theaterkasse erkundigen, ob den ›Jedermann‹ der Maestro Toscanini dirigiere. Nein, die Künstler und ihr Publikum waren in guter Gesellschaft. Und Paumgartner war ein Dirigent nach meinem Herzen. Als wir auf dem Residenzplatz eintrafen, war der letzte Autobus nach Reichenhall über alle Berge!

Wir fragten im Höllbräu nach Karl. Er war nicht da. Ich beschloss, auf der Straße zu warten. Konstanze widersprach energisch und wollte mich für die Nacht in einem Hotel »einkaufen«. Das wollte nun wieder ich nicht. Nach längerem Hin und Her sagte sie: »Dann bleibt nur eins. Du übernachtest im Schloss.«

»Wo denn da?«

»In meinem Zimmer. Auf dem Sofa.«

»Wenn das herauskommt, verlierst du die Stellung.«

»Wenn du nicht gerade im Schlaf singst oder um Hilfe rufst, wird man nichts merken.«

»Aber Konstanze, weshalb sollte ich denn in deinem Zimmer um Hilfe rufen!«

»Sei nicht unartig, Fäustchen!«, sagte sie. (Ich hätte ihr meinen Spitznamen doch nicht verraten sollen.) »Und morgen«, fuhr sie fort, »schmuggle ich dich in aller Herrgottsfrühe aus dem Haus. Komm!« Wir fuhren weiter.

Zehn Minuten später schlichen wir wie Einbrecher im Schloss des Grafen H. über die Nebentreppe. Es war stockdunkel, und Konstanze führte mich behutsam an der Hand. Schließlich öffnete sie eine Tür, riegelte lautlos ab und machte Licht.

Wir befanden uns in einem freundlichen Biedermeierzimmer. An den Wänden hingen alte Familienbildnisse und Scherenschnitte. Sie zeigte auf ein gemütliches Sofa aus Birkenholz und lächelte ein bisschen ängstlich. Dann ging sie zum Fenster, das weit geöffnet war, und zog die Vorhänge zu. Auf dem Tisch stand eine Vase mit meinen Reichenhaller Alpenveilchen. Sie kam leise zu mir zurück und flüsterte: »Du löschst jetzt das Licht aus und drehst es erst wieder an, wenn ich's erlaube! Nicht eher! Sonst bin ich böse!«

Ich nickte ergeben, löschte das Licht aus und stand im Dunkeln. Konstanzes Kleid raschelte. Ich hörte, wie sie die Schuhe auszog und die Strümpfe von den Beinen streifte. Das Bett knarrte ein wenig.

»Georg!«, flüsterte sie.

»Ja?«, flüsterte ich.

»Jetzt!«, flüsterte sie.

Im selben Augenblick hörte ich Schritte auf dem Korridor. Vor der Tür machten sie halt. »Konstanze?«, fragte jemand gedämpft, »schläfst du schon?«

»Noch nicht, Franzl«, antwortete sie, und ihre Stimme zitterte. »Aber ich hab eben dunkel gemacht. Schlaf gut!«

»Du auch«, sagte der andere. Die Schritte entfernten sich langsam.

Wir schwiegen, bis sie ganz verklungen waren.

»Georg?«

»Ja?«

»Ich glaube, es ist besser, du machst kein Licht mehr.«

»In Ordnung«, sagte ich. »Aber wo um alles in der Welt ist denn nun das Sofa?« Sie lachte leise. Ich stand in rabenschwarzer Finsternis zwischen fremden Möbeln und wagte mich nicht von der Stelle zu rühren.

»Georg«, flüsterte sie.

»Ja?«

»Mach, bitte, zwei Schritte geradeaus!«

Ich befolgte den Rat.

»Jetzt drei Schritte halblinks!«

»Zu Befehl!«

»Und nun einen großen Schritt links!«

Ich machte einen großen Schritt links und stieß mit der Kniescheibe gegen Holz. Aber irgendetwas stimmte nicht. Entweder hatte ich links und rechts verwechselt, oder Konstanze hatte sich bei der Befehlsausgabe geirrt. Ich stand nicht vor meinem Sofa, sondern vor ihrem Bett.

Begegnung mit Tucho

Sehr oft bin ich ihm nicht begegnet. Denn als ich 1927 nach Berlin kam, um das Fürchten zu lernen, hieß sein Wohnort schon: Europa. Bald hauste er in Frankreich, bald in Schweden, bald in der Schweiz. Und nur selten hörte man: »Tucho ist für ein paar Tage in Berlin!« Dann wurden wir eilig in der Douglasstraße zusammengetrommelt. »Wir«, das waren die Mitarbeiter der »Weltbühne«: Carl von Ossietzky, Arnold Zweig, Alfred Polgar, Rudolf Arnheim, Morus, Werner Hegemann, Hermann Kesten und einige andere. Tucholsky saß dann zwischen uns, keineswegs als sei er aus Paris oder Gripsholm, sondern höchstens aus Steglitz oder Schöneberg auf einen Sprung in den Grunewald herübergekommen; und kam er gerade aus der Schweiz, so dachte man, während man ihm belustigt zuhörte, nicht ganz ohne Besorgnis: Da werden nun also alle Eidgenossen berlinern!

An solchen Abenden ging es hoch her. Da wurden das Weltall und die umliegenden Ortschaften auseinandergenommen. Emmi Sachs und das Dienstmädchen reichten kleine Brötchen und große Cocktails herum. Und Edith Jacobsohn, die Verlegerin, blickte wohlgefällig durch ihr Monokel. Einmal, weiß ich noch, war meine Mutter, die mir aus Dresden die frische Wäsche gebracht hatte, dabei. Sie saß leicht benommen inmitten der lauten Männer, die sie nicht kannte, und hörte von Büchern und Menschen reden, die sie noch weniger kannte. Da rückte Tucholsky seinen Stuhl neben den ihren und unterhielt sich mit ihr über mich. Er lobte ihren »Jungen« über den grünen Klee, und das verstand sie nun freilich. Das war ihr Spezialgebiet. Er aber sah mich lächelnd an und nickte mir zu, als wollte er sagen: So hat jeder seine Interessen – man muss sie nur herauskriegen!

Ein einziges Mal, 1931 oder 1932, war ich länger mit ihm zusammen. Vierzehn Tage lang, und das war purer Zufall. Am Ende einer Schweizer Urlaubsreise war ich in Brissago gelandet. Am Lago Maggiore, nicht weit von Locarno. In Brissago lag ein schönes, großes, bequemes Hotel mit einem alten Park, einem sandigen Badestrand und anderen Vorzügen. Hier gedachte ich ein neues Buch anzufangen, mietete außer einem Balkonzimmer noch einen zweiten Balkon und zog jeden Tag mit der Sonne und einem Schreibblock von einer Hotelseite zur anderen, ließ mich braunbrennen, blickte auf den See hinunter und malte zögernd kariertes Papier mit Wörtern voll. Als ich eines Abends – ich war schon mehrere Tage dort – beim Portier nach Post fragte, sah ich einen großen Stapel Postpakete liegen. Das konnten nur Bücher sein! Und auf jedem der Pakete stand: »An Herrn Dr. Kurt Tucholsky. Absender: Die Redaktion der ›Weltbühne‹.« Wir waren einander noch nicht begegnet, weil er dauernd in seinem Dachzimmer gehockt und auf der Reiseschreibmaschine Klavier gespielt hatte. Denn Ossietzky brauchte Artikel. – Am Abend saßen wir miteinander auf der Veranda, tranken eine Flasche Asti spumante und freuten uns wie die Kinder, wenn sie eine Gelegenheit entdeckt haben, sich von den Schularbeiten zu drücken. Wir blickten auf den See, und es war, als führen wir auf einem großen, langsamen Dampfer durch die gestirnte Nacht. – Beim Mokka wurden wir dann wieder erwachsen und organisierten die neue Situation. Tagsüber, schworen wir, wollten wir uns nicht stören, sondern tun, als ob der andere überhaupt nicht da wäre. Einander flüchtig zu grüßen, wurde einstimmig konzediert. Abends wollten wir uns dann regelmäßig zum Essen treffen und hinterdrein ein paar Stunden zusammen sein.

So geschah es auch. Während ich tagsüber am Strand lag oder von einem Balkon zum anderen zog, damit in meinem Reich die Sonne nicht untergehen möge, klapperte Tucholskys Schreibmaschine unermüdlich, der schönen Stunden und Tage nicht achtend. Der Mann, der da im Dachstübchen schwitzte, tippte und Pfeife rauchte, schuftete ja für fünf – für Peter Panter, Theobald Tiger, Ignaz Wrobel, Kaspar Hauser und Kurt Tucholsky in einer Person! Er teilte an der kleinen Schreibmaschine Florettstiche aus, Säbelhiebe, Faustschläge. Die Männer des Dritten Reiches, Arm in Arm mit den Herren der Reichswehr und der Schwerindustrie, klopften ja damals schon recht vernehmlich an Deutschlands Tür. Er zupfte sie an der Nase, er trat sie gegen das Schienbein, Einzelne schlug er k.o. – ein kleiner, dicker Berliner wollte mit der Schreibmaschine eine Katastrophe aufhalten.

Abends kam er, frisch und munter, zum Essen an unseren Verandatisch hinunter. Wir sprachen über den Parteienwirrwarr, über die wachsende Arbeitslosigkeit, über die düstere Zukunft Europas, über die »Weltbühne« natürlich, über neue Bücher, über seine Reisen. Und wenn wir später am See und im Park spazieren gingen, gerieten wir meistens ins Fachsimpeln. Dann war vom Satzbau die Rede, von Chansonpointen, von der »Überpointe« in der letzten

Strophe und ähnlichem Rotwelsch. In einer entlegenen Ecke des Parks stand, in einer kleinen, von Oleanderbüschen umgebenen Orchestermuschel, ein altes, verlassenes Klavier. Manchmal setzte er sich an den ziemlich verstimmten Kasten und sang mir Chansons vor, die er für »Schall und Rauch«, für Gussy Holl, für Trude Hesterberg und andere geschrieben hatte. Diese Vortragsabende für einen einzigen Zuhörer, am abendlichen See und wahrhaftig unter Palmen, werde ich nicht vergessen.

Oft war er niedergeschlagen. Ein Gedanke quälte und verfolgte ihn. Der Gedanke, was aus dem freien Schriftsteller, aus dem Individuum im Zeitalter der Volksherrschaft werden solle. Er war bereit, dem arbeitenden Volk und dem Sozialismus von Herzen alles hinzugeben, nur eines niemals: die eigene Meinung! Und dann marterten ihn damals schon, was ihn immer mehr und immer unerträglicher heimsuchen sollte – mit keinem Mittel zu heilende, durch keine Kur zu lindernde Schmerzen in der Stirnhöhle.

Als wir uns trennten, wussten wir nicht, dass es für immer sein werde. Ich fuhr nach Deutschland zurück. Bald darauf schlug die Tür zum Ausland zu. Eines Tages hörten seine Freunde und Feinde, dass er aus freien Stücken noch einmal emigriert war. Dorthin, von wo man nicht wieder zurückkehren kann.

Ein Baum lässt grüßen

Man reist von einer Stadt zur andern Stadt.
Vier Schinkenbrote hat man schon gegessen.
Der Zug fährt gut. Die Fahrt geht glatt.
Man rechnet aus, ob man Verspätung hat,
und fühlt sich frei von höhern Interessen.

Man blickt durchs Fenster. Gänzlich ohne Zweck.
Man könnte ebenso die Augen schließen.
Dann schielt man nach dem Handgepäck.
Am Zug tanzt Schnee vorbei. Ein Dorf im Dreck.
Und Rhomboide. Doch das sind sonst Wiesen.

Man gähnt. Und ist zu faul, die Hand zu nehmen.
Man überlegt schon, ob man müde ist …
Die Dame rechts soll sich was schämen!
Wenn ihre Hüften bloß nicht näher kämen!
Wie schnell der Mensch das Müdesein vergisst.

Man überlegt sich, ob man ihr entweiche.
Sie lehnt sich an. Und tut, als wär's im Traum.
Da sieht man draußen plötzlich eine Eiche!
Es kann auch Ahorn sein. Das ist das Gleiche.
Denn eins steht fest: Es ist ein Baum!

Und da entsinnt man sich. Und ist entsetzt:
Seit zwanzig Jahren sah man keine Felder!
Das heißt, man sah sie wohl. Doch nicht wie jetzt!
Wann sah man denn ein Blumenbeet zuletzt?
Und wann zum letzten Male Birkenwälder?

Man hat vergessen, dass es Gärten gibt.
Und kleine Vögel drin, die abends flöten.
Und blaue Veilchen, die die Mutter liebt …
Und während sich die Dame näher schiebt,
greift man gefasst zu weitren Schinkenbröten.

Anhang

Anmerkungen

Die bibliographischen Angaben nach den einzelnen Texten geben die Quelle an, der der Text entnommen wurde. Zusätzlich werden Ort und Zeit des Erstdrucks genannt. Für weitergehende Angaben siehe Johan Zonneveld, *Bibliographie Erich Kästner,* Bd. I–III. Aisthesis Verlag, Bielefeld 2011, 2443 S.

Ohne Verfassernennung aufgeführte Werke sind von Erich Kästner. Auslassungen innerhalb der ausgewählten Textpassagen sind mit Klammern [...] gekennzeichnet.

Kästners Werke für Erwachsene sind in Einzelausgaben lieferbar im Atrium Verlag, die Bücher für Kinder im Dressler Verlag. Die neunbändige Werkausgabe – Erich Kästner, *Werke.* Herausgegeben von Franz Josef Görtz. Bd. I–IX – erschien 1998 im Hanser Verlag, München/Zürich, die Lizenzausgabe 2004 im Deutschen Taschenbuch Verlag, München. Dient sie als Textvorlage, erscheint in den bibliographischen Angaben die jeweilige Band- und Seitenzahl (I, S. 304 f.).

Die Sonne schien, die Luft war weich ...
(Seitenangaben ohne Nennung einer Quelle beziehen sich auf die vorliegende Ausgabe.)
»Die Sonne schien, die Luft war weich ...«: Anfangszeile von *Brief aus Paris*, in: *Die Montagsgedichte*, S. 121f. Erstdruck: *Montag Morgen*, Jg. 7, Nr. 21, 27. 5. 1929. Siehe S. 42.
Modernes Reiselied: Zwischen hier und dort. Reisen mit Erich Kästner. Hrsg. Sylvia List. Atrium Verlag, Zürich 2012, S. 105. Erstdruck: *Simplicissismus*, Jg. 35, H. 14, 30. 6. 1930, Titelseite.

An der Ostsee
Emil und die drei Zwillinge. Villa Seeseite und *Ein Wiedersehen in der Ostsee* (gekürzt), VII, S. 354–356, 363–366. Erstdruck: *Emil und die drei Zwillinge. Die zweite Geschichte von Emil und den Detektiven.* Roman für Kinder. Atrium Verlag, Basel/Wien/Mährisch-Ostrau 1935.
Korlsbüttel, Stubbenhagen: fiktive Orte an der Mecklenburger Bucht zwischen Warnemünde und Graal(-Müritz). Hinterland ist die Rostocker Heide.

Selbstmord im Familienbad
Ein Mann gibt Auskunft, I, S. 150. Erstdruck: *Simplicissimus*, Jg. 35, Nr. 17, 21. 7. 1930, S. 200.
Trikots: Die Badeanzüge waren damals in der Regel aus Wolljersey (und kratzten in nassem Zustand ganz fürchterlich).

Seemannslos
Erstdruck: *Simplicissimus*, Jg. 32, Heft 27, 3. 10. 1927, S. 3. Von Ernst John und Erich Kästner gemeinschaftlich verfasste Lügengeschichte, vor Unsinn strotzendes Seemannsgarn: ein Dampfer mit Schonertakelung, dessen Anker »gerafft« wird, Takelung, durch die bei Orkan jemand »stapft«, ein Horizont, der in finsterer Nacht durchs Bullauge hindurch abgesucht wird ... Die Liste ist endlos. Über seine Zusammenarbeit mit dem Redakteur und Journalisten Ernst John schrieb Kästner an seine Mutter: »Unsre Geschichten sind etwa den Späßen Chaplins und Buster Keatons verwandt. Das ist anscheinend Mode, und vielleicht wird's wirklich eine ganz einträgliche Sache« (*Mein liebes, gutes Muttchen, Du! Dein oller Junge.* Briefe und Postkarten aus 30 Jahren. Ausgewählt und eingeleitet von Luiselotte Enderle. Albrecht Knaus Verlag, Hamburg 1981, S. 67). Außer *Seemannlos* und der einen Monat später erschienenen *Kindernovelle* (in: *Wer Kind bleibt, ist ein Mensch. Von Kicherfritzen, dem vergesslichen Christoph und anderen.* Herausgegeben von

Sylvia List, Atrium Verlag, Zürich 2016, S. 55–57, 178 f.) sind allerdings keine weiteren Gemeinschaftswerke bekannt.

Lange Linie: eigentlich Langelinie, Kopenhagener Uferstraße zwischen Kastell und Meer. Dort befindet sich auch die berühmte Bronzefigur *Die kleine Meerjungfrau.*

Tivoli: großer Vergnügungspark.

ziemlich blaue Jungens: blaue Jungs (oder Jungens) sind Matrosen; »ziemlich blaue« vermutlich betrunken.

Priem: Kautabak.

Speigatten: Öffnungen an der Schiffsaußenwand, durch die Wasser vom Deck abfließen kann.

Teerjacken: scherzhafte Bezeichnung für Seeleute.

Neptun: römischer Gott des Meeres.

Ein … NO-Passat heulte in Strömen: Winde können zwar heulen, aber nicht in Strömen.

Besanmast: hinterster Schiffsmast.

Elmsfeuer: Büschel- oder Glimmentladung, die sich bei Gewitterlage an Kanten und Spitzen von Blitzableitern, Masten, Türmen usw. zeigt (nach St. Elmo, dem Schutzheiligen der romanischen Seeleute).

Doppel-Nelson: Nackenhebel beim Ringen zum Fixieren des Gegners bzw. doppelter (Admiral) Nelson: der britische Admiral Horatio Nelson (1758–1805), vor allem berühmt für seinen entscheidenden Sieg über die Flotte Napoleons in der Schlacht von Trafalgar (21. 10. 1805), in der er tödlich verwundet wurde. Sein Denkmal steht auf dem Trafalgar Square in London.

Seemannslos: Des Seemanns Los, im Original *Asleep in the Deep* (1897), Text: Arthur J. Lamb, Musik: Henry W. Petrie. Populäres Seemannslied von Schiffbruch und -untergang (»Stürmisch die Nacht und die See geht hoch …«), nachhörbar in vielen Fassungen und Aufnahmen auf YouTube (u. a. Richard Tauber, Freddy Quinn).

31 *Grad … nördlicher Breite:* Das wäre etwas nördlich der Kanarischen Inseln.

Grüße aus Gilleleje

Manuskript. Ansichtskarte an Ida Kästner, 7. 8. 1926. Nachlass Kästner, DLA, Marbach. Die Nachsätze Kästners (ab »Man nennt …«) und Ilses sind ins Ansichtsfoto von Hornbæk hineingeschrieben.

Ilse: Ilse Julius, geb. 1902, im März 1926 Abschluss des Chemiestudiums mit dem Dipl.-Ing. Seit 1919 mit Kästner liiert. Auch die Dänemarkreise konnte die kriselnde Beziehung nicht retten. Das Paar trennte sich im Spätherbst 1926, blieb aber lose befreundet.

Kopenhagen

Die Montagsgedichte. Mit einem Vorwort von Marcel Reich-Ranicki. Kommentiert von Jens Hacke, Atrium Verlag, Zürich 2012, S. 148 f. Erstdruck: *Montag Morgen*, Jg. 7, Nr. 34, Montag 26. 8. 1929.

und in Dänemark – gefressen: In *Die verschwundene Miniatur* erschrickt der Fleischermeister Külz beim Anblick der servierten Wurstplatte. »Das ist wohl ein Missverständnis«, sagte er. »Ich habe einen kleinen Aufschnitt bestellt, und Sie bringen eine Platte für zwölf Personen!« (IV, S. 186). Vgl. auch im vorliegenden Band die Szene in *Die Insel mit der Palme*, S. 72–73.

Ferien in Klampenborg. Aus Briefen an Luiselotte Enderle

Manuskript. Kästner an Luiselotte Enderle, 11. 7. (Brief) und 12. 7. 1966 (Ansichtskarte), 10.7. und 18. 7. 1967 (Briefe). Die handschriftlichen Originale liegen im Nachlass Luiselotte Enderle, RA Beisler, München.

»in Lübbars … kann er auch schwimmen«: Erich Kästners Sohn, der damals achtjährige Thomas. Die Juliwochen in Dänemark verbrachte Kästner 1966 wie 1967 mit ihm und dessen Mutter Friedel Siebert.

Knallert: dän. Motorrad, Moped.

Andersen: Hans Christian Andersen, 1805 (Odense) bis 1875 (Kopenhagen), wurde weltberühmt durch seine Märchen. Zu den bekanntesten zählen *Die kleine Meerjungfrau, Des Kaisers neue Kleider* und *Das hässliche Entlein.*

Bruno Hübner: 1899 (Langenbruck) bis 1983 (München), Schauspieler, Regisseur und Kabarettist. Kästner kannte ihn aus Berlin, wo er bis Kriegsende am Deutschen Theater spielte, und aus München, wo er in den ersten Nachkriegsjahren in dem Kabarett *Die Schaubude* auftrat, für das Kästner viele Texte schrieb, und wo Hübner zunächst an den Kammerspielen, später am Residenztheater engagiert war. »Hübner war durch sein Können, aber auch sein Aussehen (groß und klapperdürr – was ihm in Kollegenkreisen den Spitznamen ›Zitterwurzer‹ eintrug) ein wunderbarer Darsteller skurriler Rollen« [s. https://de.wikipedia.org/wiki/Bruno_Hübner_(Schauspieler)].

Ein Waldspaziergang

Die verschwundene Miniatur. Saalpost in der Tanzdiele (gekürzt), VII, S. 253 f. Erstdruck: *Die verschwundene Miniatur oder auch Die*

Abenteuer eines empfindsamen Fleischermeisters. Roman. Atrium Verlag, Basel/Wien/Mährisch-Ostrau 1936.

Abfahrt

Die Montagsgedichte, Zürich 2012, S. 146 f. Erstdruck: *Montag Morgen,* Jg. 7, Nr. 33, 19.8.1929. Vom 29.7. bis 19.8.1929 war Kästner mit seiner Mutter an der Ostsee.

Fliegende Menschen

Der Herr aus Glas, Erzählungen. Herausgegeben von Sven Hanuschek. Atrium Verlag, Zürich 2015, S. 104–108. Erstdruck: *Simplicissimus,* Jg. 32, Nr. 21, 22.8.1927, S. 278. Neben *Kindernovelle, Weltuntergang in Chikago* (*Der Herr aus Glas,* S. 63–67, Erstdruck: *Simplicissimus,* Jg. 32, Nr. 34, 21.11.1927, S. 446) zählt *Fliegende Menschen* zu den Burlesken, die Kästner im Spätsommer und Herbst 1927 im *Simplicissimus* veröffentlichte.

Phil Boutherwek: Anspielung auf Friedrich Ludewig Bouterweck (1766–1828), deutscher Philosoph und Aufklärer (s. *Der Herr aus Glas,* Anmerkung S. 266).

Shagpfeife: zum Rauchen von Shag, dem damals üblichen amerikanischen Pfeifentabak (Feinschnitt).

Nicolai-Gymnasium: Die Nicolaischule in Leipzig, eingeweiht 1512, brachte eine Reihe berühmter Schüler hervor, u.a. den Philosophen und Universalgelehrten Gottfried Wilhelm Leibniz (1646–1716), dessen Schulunterricht noch auf Lateinisch gehalten wurde. Deutsch wurde erst 1715 als Unterrichtssprache eingeführt.

Ursula hängt in der Luft

Arthur mit dem langen Arm, VIII, S. 17–19. Erstdruck: *Arthur mit dem langen Arm.* Ein Bilderbuch. Williams & Co, Berlin-Grunewald 1930, o.S.

Neger: Das war in jenen Jahren die allgemein übliche und überhaupt nicht diskriminierend verstandene Bezeichnung für Schwarzafrikaner. Als abwertend und rassistisch wird das Wort erst seit etwa den 1980er Jahren empfunden.

Über Anthropophagie und Bildungshunger

Kurz und bündig, I, S. 279. Erstdruck: *Neue Schweizer Rundschau,* Jg. 17, Heft 12, April 1949, S. 752. Das Epigramm ist schon im Nachlassmanuskript *Sprüche und Widersprüche* enthalten (u.d.T. *Über Anthropophagie*) und somit vor März 1943 entstanden.

Die zweite Mondreise

Des Freiherrn von Münchhausen wunderbare Abenteuer zu Wasser und zu Lande. Die zweite Mondreise, IX, S. 70–72. Erstdruck: *Des Freiherrn von Münchhausen wunderbare Abenteuer zu Wasser und zu Lande, nacherzählt von Erich Kästner.* Atrium Verlag, Zürich 1951, Ueberreuter-Verlag, Wien/Heidelberg 1951.

Brief aus Paris

Die Montagsgedichte, S. 121 f. Erstdruck: *Montag Morgen,* Jg. 7, Nr. 21, 27.5.1929. Vom 19. bis 28. Mai 1929 reiste Kästner mit Erich Ohser und Ilse Julius nach Paris.

Halbe Stunde Aufenthalt!

Erstdruck: *Neue Leipziger Zeitung,* Jg. 3, Nr. 202, 24.7.1923.

»Kann dir die Hand nicht geben …«: aus der 3. Strophe von *Ich hatt' einen Kameraden* (Ludwig Uhland, 1809): »Will mir die Hand noch reichen, / Derweil ich eben lad. / Kann dir die Hand nicht geben, / Bleib du im ew'gen Leben, / Mein guter Kamerad!« In der Vertonung von Friedrich Silcher wurde dieses Gedicht ein populäres Soldatenlied. Noch heute ist es Bestandteil jeder militärischen Trauerfeier der deutschen Bundeswehr, allerdings wird die dritte Strophe kaum noch gesungen.

Weiber werden … zu Hyänen: Zitat aus *Das Lied von der Glocke* von Friedrich Schiller (1799). Im 19. Jahrhundert und in den ersten Jahrzehnten des 20. war es selbstverständlich, zumindest für Gymnasiasten, dass dieses ellenlange Gedicht auswendig gelernt werden musste. Auch darum wurden so viele Verse daraus zu geflügelten Worten (z. B. »Und drinnen waltet die züchtige Hausfrau«, »Die Leidenschaft flieht, die Liebe muss bleiben«, »Der Mann muss hinaus ins feindliche Leben«, »Errötend folgt er ihren Spuren«, »Drum prüfe, wer sich ewig bindet«).

Marianne: Verkörperung der französischen Republik. Daher gibt der Erzähler der »kleinen feschen« Französin in Gedanken diesen Namen. »Marianne« war ursprünglich eine revolutionäre Geheimgesellschaft in Frankreich, etwa 1815 bis 1848. Später stand der Name sinnbildlich für »Freiheitsheldin«.

Tausend Mark: Die Geschichte entstand 1923, zur Zeit der großen Inflation.

Die Heimkehr des verlorenen Sohnes

Gesang zwischen den Stühlen, I, S. 203 f. Erstdruck: *Vossische Zeitung,* Nr. 87, 11.4.1931, u. d. T. *Der verlorene Sohn.*

O Täler weit, o Höhen

Als ich ein kleiner Junge war. Meine Mutter, zu Wasser und zu Lande (gekürzt), VII, S. 133–136.

Dora: Dora Augustin, Kusine Erich Kästners, Tochter von Ida Kästners Bruder, dem reichen Pferdehändler Franz Augustin, und dessen Frau Lina.

Mens sana in corpore sano: Ein gesunder Geist in einem gesunden Körper.

Mitten im »Goldenen Topf«: E.T.A. Hoffmanns »Märchen aus der neuen Zeit« *Der Goldene Topf* (1814) spielt, soweit die Handlung in der Realität angesiedelt ist, in Dresden.

Hans Urian

Erstdruck: Lisa Tetzner, *Hans Urian. Die Geschichte einer Weltreise.* D. Gundert Verlag, Stuttgart 1931. Kästners Gedicht, im Original ohne Titel, steht in der hier abgedruckten Fassung im 19. Kapitel. Die dem Buch als Motto vorangeschickte Variante lautet: »Er hatte keinen Reiseplan / Und erst recht kein Geld für die Eisenbahn, / Wie die andern! Die andern! / Doch von der Luft wird keiner satt, / Und wer kein Brot im Hause hat, / Muss wandern! Muss wandern!«

Wanzen und Lord Byron

Gemischte Gefühle. Literarische Publizistik aus der »Neuen Leipziger Zeitung« 1923–1933. Bd. II. Atrium Verlag, Zürich 1989, S. 309–312 (gekürzt), u. d. T. *Gauguin, Wanzen und Lord Byron.* Erstdruck: *Neue Leipziger Zeitung,* Jg. 8, Nr. 194, 13.7.1928. Im Juli 1928 unternahm Kästner eine mehrwöchige Schweizreise mit seiner Mutter.

Lord Byron: 1788 (London) bis 1824 (Mesolongion), englischer Dichter der Romantik mit einem Hang zum Exotischen und Satanischen, Verfasser zahlreicher berühmter Verserzählungen (u.a. *Childe Harold's Pilgrimage, The Corsair, The Prisoner of Chillon, Mazeppa*). Lebte seit 1816 in Italien, plante, die Griechen in ihrem Freiheitskampf zu unterstützen, starb jedoch nach wenigen Monaten an Malaria.

Gruß aus den Bergen

Die Montagsgedichte, S. 30 f. Erstdruck: *Montag Morgen,* Jg. 6, Nr. 29, 16.7.1928. Das Gedicht entstand während der Schweizreise. Als er den Text ein Jahr später in *Lärm im Spiegel* (1929) übernahm, änderte er die ersten beiden Verse der 5. Strophe in: »In Rußland herrsche Hungersnot. / Und Jakubowski sei nicht tot«.

»Hindenburg hat abgedankt, zugunsten seines Sohnes«: Anspielung auf das hohe Al-

ter Paul von Hindenburgs (1847–1934), der 1925 mit 78 Jahren zum Reichspräsidenten gewählt worden war. 1932 wurde er wiedergewählt; durch die Berufung Hitlers zum Reichskanzler ebnete er den Nationalsozialisten den Weg zur Macht.

Nobile, Malmgren-Gruppe: Am 25. Mai 1928 stürzte das Luftschiff *Italia* in der Nähe des Nordpols im Packeis ab. Der verletzte Kommandant Umberto Nobile wurde einen Monat danach von einem sowjetischen Piloten gerettet, der darauf bestand, nur ihn transportieren zu können, nicht aber Nobiles Begleiter. Der schwedische Meteorologe Finn Malmgren versuchte währenddessen mit zwei Marineoffizieren, Festland zu erreichen, starb jedoch unterwegs an Entkräftung. Seine Begleiter wurden am 12. Juli von einem Eisbrecher gerettet.

weil ich noch auf die Jungfrau muss: bewusst zweideutig ausgedrückt. Tatsächlicher Hintergrund: Am 13.7.1928 fuhr Kästner auf das Jungfraujoch, s.u.: *In Halbschuhen auf die Jungfrau.*

In Halbschuhen auf die Jungfrau

Kästner im Schnee. Geschichten, Gedichte, Briefe von Erich Kästner. Hrsg. von Sylvia List. Atrium Verlag, Zürich 2009, S. 34–39. Erstdruck: *Neue Leipziger Zeitung,* Jg. 8, Nr. 231, 19.8.1928.

Jungfraubahn: Zahnradbahn, Bauzeit 1896–1912.

Klein-Scheidegg: richtig: Kleine Scheidegg. Die Kleine Scheidegg liegt 2061 m hoch. Bei dem von Kästner erwähnten Bahnhof nebst Hotel am Fuß des Gletschers handelt es sich vermutlich um die Station Eigergletscher auf 2320 m Höhe. Das würde auch eher zu Kästners Angabe passen, dass von dort bis zum Jungfraujoch noch tausend Höhenmeter zu überwinden waren.

ein endloser Tunnel: Tunnellänge: 7,1 km.

einige Male hielt der Zug: die Stationen: Eigerwand (2865 m), »mit großartigen Tiefblicken auf das 1800 m unterhalb gelegene Grindelwald«, und Eismeer (3160 m), in der Südwand des Eiger, »mit einmaliger Aussicht über den wildzerklüfteten Absturz des Gletschers auf das Wetterhorn, Schreckhorn, die Fiescherhörner und den vom Mönchsjoch niederstürzenden Gletscherbruch« (Baedeker, *Schweiz,* 1998, 8. Aufl., S. 306 f.).

Station Jungfraujoch: 3454 m hoch, der höchstgelegene Schienenbahnhof Europas.

Drüben fuhren Menschen …: Auf dem Jungfraufirn ist noch heute Sommerskibetrieb.

Heimkehr aus Italien

Lärm im Spiegel, I, S. 82 f. Erstdruck: *Jugend*, Jg. 33, Nr. 35, 25. 8. 1928.

Die Insel mit der Palme

Emil und die drei Zwillinge. Zehn Bilder kommen zur Sprache, Ein Abenteuer zu Wasser und zu Lande, Passkontrolle, Die Rückkehr des Kapitäns, Die nächsten Schritte (gekürzt), VII, S. 325, 400–411, 417, 419–426. Erstdruck: *Emil und die drei Zwillinge. Die zweite Geschichte von Emil und den Detektiven.* Roman für Kinder. Atrium Verlag, Basel/Wien/Mährisch-Ostrau 1935.

Byron: Oberhaupt der Artistengruppe The Three Byrons, angeblich ein Vater mit seinen Zwillingen. Er will den einen der Zwillinge loswerden.

Fourage (frz.): deutsche Schreibweise: Furage. Lebensmittel, Mundvorrat (für die Truppe), Futter (für die Pferde).

Klampenborg: An diesen »Ort, der besonders hübsch war«, kehrte Kästner später gern zurück, s. o.: *Ferien in Klampenborg*, S. 23.

Hurra, Ferien!

Die Montagsgedichte, S. 136 f. Erstdruck: *Montag Morgen*, Jg. 7, Nr. 28, 15. 7. 1929.

Gedanken eines Hotelgastes

Neues von Gestern. Gesammelte Schriften für Erwachsene. Droemersche Verlagsanstalt Th. Knaur Nachf., München/Zürich 1969, Bd. 8, S. 177–179. Erstdruck: *Gesammelte Schriften.* Atrium Verlag, Zürich/Cecilie Dressler Verlag, Berlin/Kiepenheuer & Witsch Verlag, Köln 1958, Bd. 5.

Fahrt nach Kassel

Manuskript, Nachlass Luiselotte Enderle, RA Beisler, München.

Am 25. Mai 1968 wurde Kästner in Kassel mit dem Literaturpreis der Deutschen Freimaurer ausgezeichnet.

Bilanz per Zufall

Gesang zwischen den Stühlen, I, S. 215 f. Erstdruck: *Die Weltbühne*, Jg. 28, Nr. 25, 21. 6. 1932, S. 943.

Die Ewigkeit in Zahlen

Gemischte Gefühle, Bd. 2, S. 336 f. Erstdruck: *Neue Leipziger Zeitung*, Jg. 12, Nr. 30, 30. 1. 1932.

Rätselraten in Davos

Der Zauberlehrling. Drittes Kapitel, III, S. 249–256. Erstdruck: *Kästner für Erwachsene.* Hrsg. von Rudolf Walter Leonhardt. Fischer Verlag, Frankfurt am Main 1966.

Jennewein: Klaus Jennewein war eines der Pseudonyme, die Kästner in den 1920er Jahren in seiner Zeit bei der *Neuen Leipziger Zeitung* verwendete.

Gefährliches Lokal

Ein Mann gibt Auskunft, I, S. 165 f. Erstdruck: *Vossische Zeitung,* 26. 5. 1929, u. d. T. *Gefährliches Café.*

Stammcafé: Café Carlton, Nürnberger Platz 2.

Feuer: so in den Werkausgaben 1969 und 1998. In den Einzelausgaben und in: *Doktor Erich Kästners Lyrische Hausapotheke* stattdessen: »Fenster«.

Prager Straße: Sie führt vom Prager zum Nürnberger Platz (s. o.). In der Prager Straße 17 wohnte Kästner von 1927 bis 1929 zur Untermiete bei Witwe Ratkowski.

Der Ritt auf dem Äquator

Der 35. Mai oder Konrad reitet in die Südsee. Die Begegnung mit Petersilie (gekürzt), VII, S. 595–600. Erstdruck: *Der 35. Mai oder Konrad reitet in die Südsee.* Roman für Kinder. Williams & Co, Berlin-Grunewald 1933 [recte: 1932].

Mäxchen zählt Schweizer Tunnels

Der kleine Mann und die kleine Miss. Das achte Kapitel (gekürzt), VIII, S. 625–628. Erstdruck: *Der kleine Mann und die kleine Miss. Roman für Kinder.* Atrium Verlag, Zürich 1967.

Tom Collins: ein Cocktail aus Gin, Zitronensaft, Zucker oder Zuckersirup, Soda und Eiswürfeln. Wird der Gin durch Wodka ersetzt, heißt der Drink eigentlich Wodka Collins oder Joe Collins.

Drei Männer im Schnee

Drei Männer im Schnee. Drei Männer im Schnee, Der einsame Schlittschuhläufer (gekürzt), IV, S. 79–85, 95–97. Erstdruck: *Drei Männer im Schnee.* Eine Erzählung. Rascher & Cie, Zürich 1934.

Brief aus dem Engadin

Gemischte Gefühle, Bd. 2, S. 344–346. Erstdruck: *Neue Leipziger Zeitung,* Jg. 12, Nr. 216, 3. 8. 1932. Vom 16. Juli bis 5. August 1932 war Kästner mit Ursula (s. Postkarte an Ida Kästner, 12. 1. 1938, Nachlass Kästner, DLA, Marbach) in Sils Maria im Engadin. Siehe auch Sven Hanuschek, *»Keiner blickt dir hinter das Gesicht«. Das Leben Erich Kästners.* Carl Hanser Verlag, München/Wien 1999, S. 187 f.

Segantini: Giovanni Segantini (1858–

1899), italienischer Maler, lebte seit 1886 im Engadin. Um die durchsichtige Klarheit der Alpenlandschaft zu erfassen, entwickelte er eine dem Neoimpressionismus verwandte Maltechnik, indem er ungemischte Farben in dichten nebeneinandergesetzten Strichlagen auftrug.

Begegnung auf einer Parkbank

Kurz und bündig, I, S. 191. Erstdruck: *Die Neue Zeitung*, Jg. 4, Nr. 51, Frankfurter Ausgabe, 27. 6. 1948, u. d. T. *Begebenheit auf einer Parkbank*. Das Epigramm ist u. d. T. *Parkbank* bereits im Nachlassmanuskript *Sprüche und Widersprüche* enthalten und demnach vor März 1943 entstanden.

Der freie Tag

Der kleine Grenzverkehr. Der freie Tag (gekürzt), IV, S. 384–389. Erstdruck: *Georg und die Zwischenfälle*. Atrium Verlag, Basel/Mährisch-Ostrau 1938.

Dr. Bernhard Paumgartner: Komponist und Dirigent, 1887 (Wien) bis 1971 (Salzburg), seit 1917 Leiter des Mozarteums Salzburg und später Mitbegründer der Salzburger Festspiele. Nach dem Anschluss Österreichs (1938) von den Nationalsozialisten seines Amts enthoben. 1952 Gründer und ab dann auch Leiter der Camerata Academia des Mozarteums Salzburg.

Maestro Toscanini: Arturo Toscanini, 1867 (Parma) bis 1957 (New York), bedeutendster italienischer Dirigent seiner Zeit. Bis 1937 waren seine Orchesterkonzerte und Operndirigate prägend für die Salzburger Festspiele. Die für 1938 geplanten Auftritte in Salzburg sagte Toscanini nach dem Anschluss Österreichs an Hitlerdeutschland ab. Aus Abscheu gegenüber dem italienischen Faschismus und dem deutschen Nationalsozialismus war er bereits 1937 in die USA emigriert und leitete seitdem das eigens für ihn gegründete NBC Symphony Orchestra.

Begegnung mit Tucho

Reden und Vorreden, I, S. 597–599. Erstdruck: *Die Weltbühne*, Berlin, Neue Folge, Nr. 1, 4. 6. 1946, S. 21–23, u. d. T. *Kurt Tucholsky, Carl von Ossietzky, »Weltbühne« – eine Reminiszenz*, entstanden als Nachwort zu: Kurt Tucholsky, *Gruß nach vorn*. Eine Auswahl. Hrsg. von Erich Kästner. Rowohlt Verlag, Stuttgart/Hamburg 1946.

Tucho: Kurt Tucholsky, 1890 (Berlin) bis 1935 (Hindas/Schweden), Schriftsteller, lebte seit 1924 in Paris, seit 1929 in Schweden. 1933 wurde er ausgebürgert, seine Bücher verbrannt. 1927 Mitherausgeber der *Weltbühne* (s. u.) und als Satiriker und Zeitkritiker einer ihrer wichtigsten Mitarbeiter. Tucholsky vertrat einen linksgerichteten pazifistischen Humanismus. Er kämpfte gegen jede Art von Spießertum, Militarismus und Nationalismus.

Douglasstraße: Dort befand sich das Haus Edith Jacobsohns (s. u.).

»Weltbühne«: 1918 wandelte Siegfried Jacobsohn die 1905 von ihm gegründete Theaterzeitschrift *Die Schaubühne* um in *Die Weltbühne, Wochenschrift für Politik, Kunst und Wirtschaft*. In den Jahren der Weimarer Republik vertrat die Zeitschrift die Positionen der radikaldemokratischen bürgerlichen Linken und kämpfte gegen das aufkommende »Dritte Reich«. Nach dem Verbot durch die Nationalsozialisten – die letzte Nummer kam am 7. März 1933 heraus – erschien sie zunächst weiter im Prager Exil.

Mitarbeiter der »Weltbühne«: Carl von Ossietzky, Arnold Zweig, Alfred Polgar, Rudolf Arnheim, Morus, Werner Hegemann, Hermann Kesten (...): Carl von Ossietzky, 1927–1933 Herausgeber der *Weltbühne*, wurde unmittelbar nach dem Reichstagsbrand am 28. 2. 1933 verhaftet. Im KZ Esterwegen schwer erkrankt, starb er 1938 in einer Berliner Klinik. 1936 erhielt er rückwirkend den Friedensnobelpreis, durfte jedoch nicht zu dessen Entgegennahme nach Oslo reisen.

Alle anderen genannten Mitarbeiter emigrierten während der Nazizeit: die Schriftsteller Arnold Zweig, Alfred Polgar und Hermann Kesten ebenso wie der Kunstwissenschaftler und Filmtheoretiker Rudolf Arnheim, der Wirtschaftsjournalist Richard Lewinsohn (Pseud.: Morus), der Stadtplaner und Architekturkritiker Werner Hegemann.

Gripsholm: Anspielung auf *Schloss Gripsholm. Eine Sommergeschichte* von Kurt Tucholsky, erschienen 1931.

Edith Jacobsohn: geb. Schiffer, 1891 (Berlin) bis 1935 (London). 1915 Heirat mit dem Publizisten und Theaterkritiker Siegfried Jacobsohn, dessen Zeitschrift *Die Weltbühne* (s. o.) sie finanziell unterstützte. Nach Jacobsohns Tod 1927 übernahm sie deren Leitung. 1924 gründete sie mit Edith und Annie Williams den Kinderbuchverlag Williams & Co., den sie ab 1925 allein leitete und für den sie, unter ihrem Mädchennamen E. L. Schiffer, einige der erfolgreichsten englischen Kinderbücher jener Zeit übersetzte, so 1925 *Doktor Dolittle und seine Tiere* von Hugh Lofting und 1928 *Pu der Bär* von Alan Alexander Milne. Angeblich regte sie Kästner 1929 zu seinem ersten Kinderbuch, *Emil und die Detektive*, an. 1932 veröffentlichte Williams & Co. noch *Pünktchen und Anton* und

Der 35. Mai, oder Konrad reitet in die Südsee. Unmittelbar nach dem Reichstagsbrand (27./28.2.1933) floh Edith Jacobsohn aus dem Deutschen Reich. Ihre Mitarbeiterin Cecilie Dressler übernahm die Leitung von Williams & Co.

1931 oder 1932: von Kästner falsch datiert. Tatsächlich hielt er sich vom 16. bis 30.8.1930 mit seiner »Moritz« genannten damaligen Freundin in Brissago am Lago Maggiore auf.

Peter Panter, Theobald Tiger, Ignaz Wrobel, Kaspar Hauser: Pseudonyme Tucholskys.

»Schall und Rauch«: literarisches Kabarett 1919–1924, ursprünglich 1901 gegründet.

Gussy Holl: die Schauspielerin Gussy (eigentl. Ruth Maria) Holl (1888–1966).

Trude Hesterberg: 1892 (Berlin) bis 1967 (München), Bühnen- und Filmschauspielerin, Chanson- und Operettensängerin, Kabarettistin, plante 1929 kurzzeitig, mit Kästner und anderen ein Kabarett zu gründen (*Mein liebes, gutes Muttchen Du! Dein oller Junge*, S. 92). 1933 Gründung des Kabaretts *Musenschaukel* (1934 von den Nazis verboten). Mitwirkung in der Uraufführung von Kästners Komödie *Die Schule der Diktatoren* am 25.2.1957 an den Münchner Kammerspielen.

Ein Baum lässt grüßen

Herz auf Taille, I, S. 12 f. Erstdruck: *Vossische Zeitung*, Nr. 71, 23.3.1928.

Dank

Und wieder habe ich Johan Zonneveld zu danken, der mir aus seinem unerschöpflichen Fundus an Kästneriana die Vorlagen für einen Teil der Texte zur Verfügung gestellt hat. Weiter danke ich Peter Beisler, bei dem ich den Nachlass Luiselotte Enderle einsehen konnte.

Erich Kästner, 1899 in Dresden geboren, begründete gleich mit zwei seiner ersten Bücher seinen Weltruhm: *Herz auf Taille* (1928) und *Emil und die Detektive* (1929). Nach der Machtübernahme der Nationalsozialisten wurden seine Bücher verbrannt, sein Werk erschien nunmehr in der Schweiz im Atrium Verlag. Erich Kästner erhielt zahlreiche literarische Auszeichnungen, u. a. den Georg-Büchner-Preis. Er starb 1974 in München.

Sylvia List arbeitete als Verlagslektorin, Redakteurin und Übersetzerin. Seit einigen Jahren ist sie Herausgeberin von Anthologien mit bekannten und unbekannten Texten Erich Kästners, u. a. *Meine Mutter zu Wasser und zu Lande, Morgen, Kinder, wird's nichts geben!, Zwischen hier und dort, Meine Katzen, Goethe und die Schrebergärtner, Interview mit dem Weihnachtsmann, Sonderbares vom Kurfürstendamm, Man schwitzt und fragt: Wann hört das auf?, Wer Kind bleibt, ist ein Mensch* und *Verlobung auf dem Seil.*

Kästner verschenken, denn:

Wer Kind bleibt, ist ein Mensch
Von Kicherfritzen, dem vergesslichen
Christoph und anderen
Herausgegeben von Sylvia List
192 Seiten. Gebunden
14,00 € [D] / 14,40 € [A]
ISBN 978-3-85535-011-7